INTEREST RATE

「金利のある世界」の歩き方

石川智久

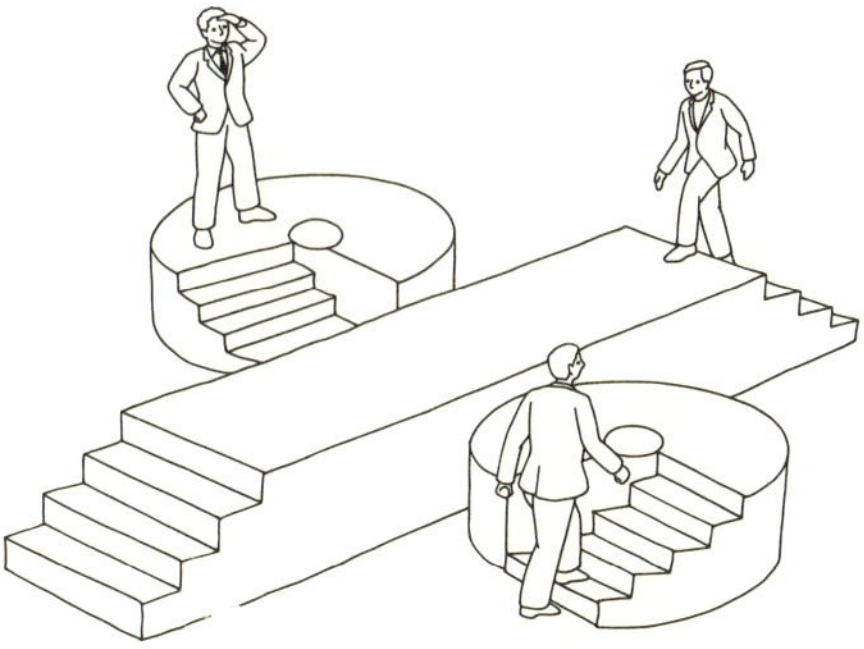

日本経済新聞出版

はじめに

日本銀行は、2024年3月19日の金融政策決定会合でマイナス金利政策を解除した。その背景には、春闘において2024年の賃上げ率が5・28%と33年ぶりの高水準となり、2%の物価目標を持続的・安定的に達成できる環境が整ったとの判断があった。日銀が政策金利を引き上げるのは2007年2月以来、17年ぶりである。すでに世界各国の中銀は金利引き締めに乗り出しており、マイナス金利は日本銀行のみであった。このように、わが国は世界最後発とはいえ、「金利ある世界」に踏み出したといえる。24年に入り、日本人が半ばあきらめていた日経平均の最高値更新があった後のマイナス金利解除である。24年は「失われた30年」からの脱却が見えてきた歴史的な年といえよう。

一方で、「金利がある世界」と特殊な世界のような言われ方をしているが、本来であれば金利があるのが当たり前である。逆に言うと日本はこれまで異常な世界にいたと言うことになろう。かつてゼロ金利政策やマイナス金利政策が実施された際は、「日本は経済学の実験室」という言われ方もされたことがある。その意味ではやっと、経済学の教科書が想定する普通の時代に戻ったともいえる。

しかしながら、ゼロ金利政策から考えると一時的な利上げ局面はあったものの、総じてみれば25年近く金利がゼロもしくはマイナスといった状況になっている。人々が金利について意識するのは社会人になってからと考えると、現在50歳以下の人々は金利に縁遠くなっているのも事実である。金融関係者からも「若手銀行員は金利引き上げ交渉をしたことがないため、今後の金利上昇局面できちんと対応できるか不安である」といった声や、「市場金利が動かないので、債券ディーラーは債券価格変動の怖さを知らない。また基本的に満期保有で対応してきた時代が長いので、安く買って高く売るといった、普通のディーラーがやってきていることを知らないディーラーが増えている」といった声も聞かれる。

また後に述べるが、一般の人々にとって、最大の買い物は住宅であり、多くの人々は住宅ローンを借り入れる。そして住宅ローンの残高が多いのは当然ながら若い世代になる。しかしこうした世代は低金利時代しか知らないため、「金利上昇の恐ろしさ」といったものがあまりわかっていないと考えられる。また、住宅ローン減税の効果を最大限享受するために、変動金利での借り入れが増えている。当然ながら、変動金利は政策金利上昇とほぼ同時に上昇していく。多くの人々は金利が上がれば長期金利に切り替えればよいと思うかもしれないが、その時はすでに遅しとなることが多く、長期金利は上昇しているか、長期金利は上昇していなくても、金融機関が自社の与信管理の観点から貸出枠を決めてしまい、うまく長期金利のローンに切り替えられない可能性がある。

そして最も注意しなければならないのは、わが国の政府部門である。金利が低いからこそ、GDPの倍以上の債務を抱えることができた。しかしながら、金利が上がれば、当然ながらその支払いが増えていく。これまでは、MMT（後述）のように、国債は無限に発行できるとする議論もみられたが、そうした議論も、これからはどんどん減っていくだろう。

さて、金利のある世界に戻ったと言っても、これはまだ名目の世界である。物価上昇率を差し引きした実質ベースではまだマイナスのままだ。経済的には名目よりも実質の方が意味を持つ。つまり、金利引き上げの効果が出てくるにはまだまだ時間がかかると言うことである。すなわち、我々は金利のある世界への対応について、それなりに時間的余裕があるということである。とはいえ、時間的余裕はそれほど長いというわけでもない。そこで本書では我々はどのように準備していく必要があるのかについて考えていきたい。

また、本書は、私の過去の論文だけでなく、日本総合研究所調査部の研究員の論文や書籍も多く活用している。具体的には、マクロ経済に関しては、当社調査部のマクロ経済研究センターに所属している、西岡慎一主席研究員、藤山光雄主任研究員、井上肇主任研究員、立石宗一郎研究員、後藤俊平研究員等の研究を参考にしている。また、財政・金融・経済政策については、河村小百合主席研究員、蜂屋勝弘上席主任研究員、野村拓也主任研究員、大嶋秀雄主任研究員、谷口栄治主任研究員、安井洋輔主任研究員の研究を参考にしている。円相場の推移については、牧田健理事の論文に準拠した部分も多い。このように当社調査部の知見を多く使用しているが、当然ながら本書の文責は筆者にある。

本書が読者にとって、金利のある世界をうまく歩いていけるガイドブックとなることを期待している。

2024年8月

石川 智久

目次

第6章 金利のある世界③ 財政再建を迫られる政府部門 133

第1章

異次元緩和を振り返る

1　マイナス金利政策とは何だったのか

安倍元首相の強い働きかけで実現

金利のある世界について考える前に、マイナス金利、つまり異次元緩和とはいったい何であり、どのような影響を日本経済に与えたのか、考えてみたい。

まず、黒田東彦《はるひこ》前総裁が達成を目指してきた「2％の物価安定目標（以下、物価目標）」は、その前任である白川方明《まさあき》元総裁の任期終盤、2012年末、三本の矢のアベノミクスを旗印に発足した安倍晋三政権の強い働きかけにより、翌13年1月の決定会合において導入されたものである。その2％の物価目標を達成するという大きな使命を負って安倍政権によって任命されたのが黒田前総裁であった。黒田氏は、もともと物価目標の導入を提唱し、大規模金融緩和に前向きな主張を行ってきており、いわゆるリフレ派といわれた人々を中心に大きな期待が寄せられた。

黒田体制となった日銀（以下、黒田日銀）は2％の物価目標を「2年程度の期間を念頭に置いてできるだけ早期に実現する」と宣言し、その手段として「量的・質的金融緩和」を導入した。その内容は、後ほど詳しく説明するが、ポイントとしては資産サイドの長期国債残高を年50兆円増、

ＥＴＦ残高を年１兆円増へ、その裏側にある負債サイドのマネタリーベースを年60兆〜70兆円増とするペースで大幅な資産買い入れを行うというものであった。導入後の記者会見において、黒田前総裁が「量的にみても質的にみても、これまでとは全く次元の違う金融緩和を行う」と述べたことから、この枠組みは広く「異次元緩和」と俗称されるようになった。

その後も、黒田日銀は量的緩和を二度にわたり拡大、２０１６年年初にはＥＣＢ（欧州中央銀行）などに続いてマイナス金利政策を導入し、金融緩和を拡大していった。これは金融機関が日銀に預けている当座預金の一部にマイナス０・１％の金利を適用する仕組みである。日銀のマイナス金利政策は、２０１６年１月に「マイナス金利付き量的・質的金融緩和」として導入された。マイナス金利政策によって、金融機関が日銀に資金を預けたままにしておくと金利を支払わなければならなくすることで、金融機関が企業への貸出や投資に資金を回すように促し、経済活性化とデフレ脱却を目指すものであった。

ＹＣＣも導入

そして、同年９月に長短金利操作（イールドカーブコントロール、以下ＹＣＣ）を導入した。一般的に中央銀行の金融政策は短期金利のみ操作し、長期金利は市場に委ねるというものであるが、ＹＣＣでは短期金利だけでなく長期金利もコントロールしていた。確かに同様の政策は米国で

1942～1951年に実施されたことがあるが、一般的に金融政策の場では、市場をゆがめるとして、いわば禁じ手とされた政策である。なお、この米国の経験は、日本の一部識者において、当時の米国の経験から、政府と中銀がコミュニケーションを密にすれば、中期・長期金利を中央銀行がコントロールできることを示した成功例として認識されている面が強いように感じるが、海外では、様々な問題を含んだ事例であると認識されていることには留意が必要である。

まず、米国の経験は、もともとは、第二次世界大戦が勃発し、安定的な戦費調達、その後の国債管理政策のために行われたものである。つまり、マクロ金融政策ではなく、景気刺激を狙った日本の実情とはかなり異なる。そして、戦争遂行の目的の下、中央銀行が政府から直接的に介入を受け、政府に従属を強いられた、いわば中央銀行の独立性が著しく損なわれた苦難の9年間というのが欧米のエコノミストの一般的な解釈である。

また、「金利」に目標を設定すれば、中央銀行は「量」のコントローラビリティを失ってしまうほか、金利目標を維持するために短期から長期までの国債の買い入れを強いられ、中央銀行の財務を損なうリスクや財政ファイナンスにつながるリスクがある、など様々な弊害が指摘されている。そして、米国の経験からは、政府の国債管理政策と物価安定に目標を持つ金融政策との間には利益相反が生じるものであり、そのため金融政策は政府から独立した機関が担うのが適切である、との重要な教訓が示されたというのが一般的な経済学者や政策当局者の理解である。

このように、当初は国債などを異例の規模で買い入れる政策であったものが、マイナス金利やＹＣＣといったツールも加えることで、金融環境が緩和した状態を維持する政策へとシフトし、日銀は大規模な金融緩和を長期にわたって継続した。

異次元緩和の評価については、評価者の立場や重視するポイントによって様々ではあるが、「一定の効果はあったが、副作用も顕在化したほか、将来的な禍根も残した」との見方が一般的であるように思われる。そこで、効果、副作用についてそれぞれ考えてみたい。

2 異次元緩和導入の論点

「やってみないとわからない」政策

それでは異次元の緩和について概要を振り返ってみよう（図表1）。

２０１３年5月、黒田氏が日銀総裁に就任し、そして4月4日の金融政策決定会合で量的・質的緩和と名付けられた金融緩和を実施した。そして前述したように、その後、異次元緩和と呼ばれるようになる。それはまさに異次元と言うのにふさわしく、大胆で多くの人々の予想を超えた

図表1　異次元緩和の概要

	概　要
政策目標と資金供給量	金融緩和は政策目標をそれまでの無担保コールレートからマネタリーベースに変更し、マネタリーベースでみた資金供給量は年60〜70兆円ずつ増やす
長期国債の買い入れ	長期国債の買い入れ額は2012年末の89兆円から13年末には140兆円、14年末には190兆円に増加
買入国債の年限の長期化	満期までの残存期間が1〜3年の国債に限っていたが、今後は40年債までのすべての国債を買い入れ
資産買い入れ	ETFは年1兆円、J-REITは300億円残高が増えるよう買い入れ
物価安定の目安	物価上昇2%を2年で達成

（資料）日本銀行を基に日本総合研究所作成

ものであった。実際、当時のこの政策については、将来のハイパーインフレやキャピタルフライトにつながるリスクを指摘する識者もいた。その具体的な内容は以下の通りである。

①　金融緩和は政策目標をそれまでの無担保コールレートからマネタリーベースに変更し、マネタリーベースでみた資金供給量は年60兆〜70兆円ずつ増やす。

②　長期国債の買い入れ額を拡充する。長期国債の買い入れ額は２０１２年末の89兆円から13年末には１４０兆円、14年末には１９０兆円に増加する。白川前総裁時に導入された資産買い入

れ基金による方式は廃止され、長期国債の買い入れは金融市場調節に使う通常の国債購入枠と一本化した。これによって国債買い入れ増大に一定の歯止めをかけてきた日銀券ルール[1]は停止されることになった。

③ 買い入れる国債の年限を長期化する。それまでの国債の購入は、満期までの残存期間が１～3年の国債に限られていたが、今後は40年債までのすべての国債を買い入れる。その結果、国際の平均残存期間は、それまでの3から7年程度まで伸びることとなる。つまり、政府が長期的な国債を発行できる環境を整備したものとなった

④ ＥＴＦやＪ－ＲＥＩＴなどリスク性資産の購入を増やす。ＥＴＦは年１兆円、Ｊ－ＲＥＩＴは３００億円残高が増えるよう買い入れを進めることとされた。

⑤ また、「物価安定の目標」を2年程度で達成するという目安や、「量的・質的金融緩和」を「物価安定の目標」を安定的に持続するために必要な時点まで継続するという時間軸も示された。

この新たな金融緩和措置の効果については、多くの議論があったが、多くのエコノミストの意見としては「やってみないとわからない」と言うものであった。個人的な記憶をたどってみても、いわゆるリフレ派からは、実施するに値するという意見も多く聞かれた。一方で、これまでの日銀の金融緩和も従来の感覚ではかなり大規模であったため、これ以上大きくしても効果がないの

ではないかとする意見も一理あるものであった。また、これ以上金融緩和を実施すると、臨界点を超えてしまい。ハイパーインフレになるのではないかとする識者も存在した。つまり、様々な意見がそれなりの説得力を持っていたため、自信を持って先行きを見通せない状況であったといえる。

アナウンスメント効果によるレジームチェンジ

さて、この金融緩和の効果はどのようなルートで経済に影響するかについては、一般的に予想物価上昇率の高まり、イールドカーブ全体の低下、ポートフォリオ・リバランシング効果で説明されることが多い。

まず、予想物価上昇率の高まりについては、デフレ脱却への強いコミットメントを示すことで、様々な経済主体のデフレ期待を払拭《ふっしょく》し、インフレ期待が生まれやすくなる。いわば日銀の本気度を示すことで、人々の意識を変えていこうとするものである。経済の世界では「景気はその名の通り、『気』持ちで大きく左右される」とあるが、それに則ったものといえる。

次にイールドカーブの低下は、短期金利だけでなく、長期金利も低下させることで、全体的なイールドカーブを低下させて、中長期の貸し借り入れを増やし、設備投資を刺激しようとするものである。ポートフォリオ・リバランシングは、国債の購入などを通じてベースマネーを対応供給することによって、投資家の資産運用の対象がリスク性資産にシフトすることを期待するものだった。

さて、こうした大幅な金融緩和は、当初、円安、株高をもたらし、経済パフォーマンスの改善に大きく貢献しそうな空気が醸成された。実際、それを理由にアベノミクスの成功だとする識者も多く存在した。では、どのようなメカニズムでこうした効果を生み出したのであろうか。この点については、多くの識者は、政策そのものというよりは、金融当局の意思表明といった政策アナウンスメント自体が市場の期待を変化させ、円安、株高がもたらしたと指摘している。いわゆるアナウンスメント効果によるレジームチェンジである。

それではどのようなアナウンスメント効果があったのであろうか。まず、日銀だけでなく、政権全体としての政策転換が盛大にアナウンスされた。具体的には、民主党の「生活や家計重視」から自民党の「成長、企業重視」への転換と言える。また、民主党政権下では、コンクリートから人への掛け声のもと、家庭向け重視の色彩が強かった。一方、安倍首相は２０１３年の総選挙時点からリフレ的な金融政策による脱デフレを訴え、成長志向を鮮明にしていた。また、国土強靭化の考えのもとに、公共投資増加も主張した。

本来であれば、金融政策に政治が口を挟むのはご法度であるが、デフレ脱却という大きな目的の下、アベノミクスの第一の柱が大規模な金融緩和になった。そしてインフレターゲット政策の採用も大きなインパクトを与えた。確かに、インフレターゲットの設定自体は経済学的にみてそれほど珍しい政策ではない。実際多くの欧米諸国では２％をターゲットとするインフレターゲットが導入されている。

しかしながら、日本では、「物価は、いわば経済の体温計的なものであり、インフレターゲットを設定することは無意味である」「日銀が物価をコントロールすることなどできないため無意味である」という意見が強かった。実際、日銀出身者を中心にインフレターゲットに過度な期待を寄せることを諫《いさ》める意見も多かった。また、そもそもとして、インフレターゲットとはインフレを抑制するための政策であり、インフレを促進させる政策ではないという意見もよく聞かれた。そのような「反インフレターゲット」論者が、いわゆる正統派の金融関係者や学識者に当時多かったため、インフレターゲットの採用は大きな方針転換であると当時のマーケット関係者は受け取った。また2年で物価上昇２％を達成するといった、年限と達成目標を示したコミットメントを示したことも日銀の本気度を感じさせた。

そのため当時は海外の経済雑誌なども、これまでのジャパンパッシングと異なり、日本経済復活への期待を大きく報じるなど、アベノミクスに対して大きな期待を寄せた。

一方で、白川総裁時代は全体的に世界的な景気悪化局面である一方、黒田総裁時代はリーマンショック後の景気回復局面であったことにも留意する必要がある。つまり、こうした株高・円安は異次元緩和よりも世界的なマクロ経済環境によってもたらされた部分も大きかったと考えられる。

3 世界的なマクロ環境には大きな違いがあった

そこで、まず異次元緩和が株式や為替に与えた影響をみるうえで、白川総裁時代と黒田総裁時代のマクロ経済や金融政策の動向を振り返ってみたい。

まず、白川総裁と黒田総裁時代では世界の景気動向が大きく異なることに留意する必要がある。世界的な景気の方向性を示す指標であるOECDの景気先行指数[2]について、世界経済のけん引力である米国の指数を振り返ってみると、指数の水準が長期平均である100を超えていた時期は、白川元総裁時代で約2割程度にとどまっていたのに対し、黒田前総裁時代（就任月を除く異次元緩和導入後、以下同じ）ではパンデミックなどがあったものの、全体としては約半分となっている（図表2）。特に就任から数年間は同指数が上昇局面にあり、スタートとしては非常によい外部環境であった。

白川元総裁時代の大半がリーマンショックや欧州債務危機といった世界経済の激動期に当たっ

図表2　OECD景気先行指数（米国）

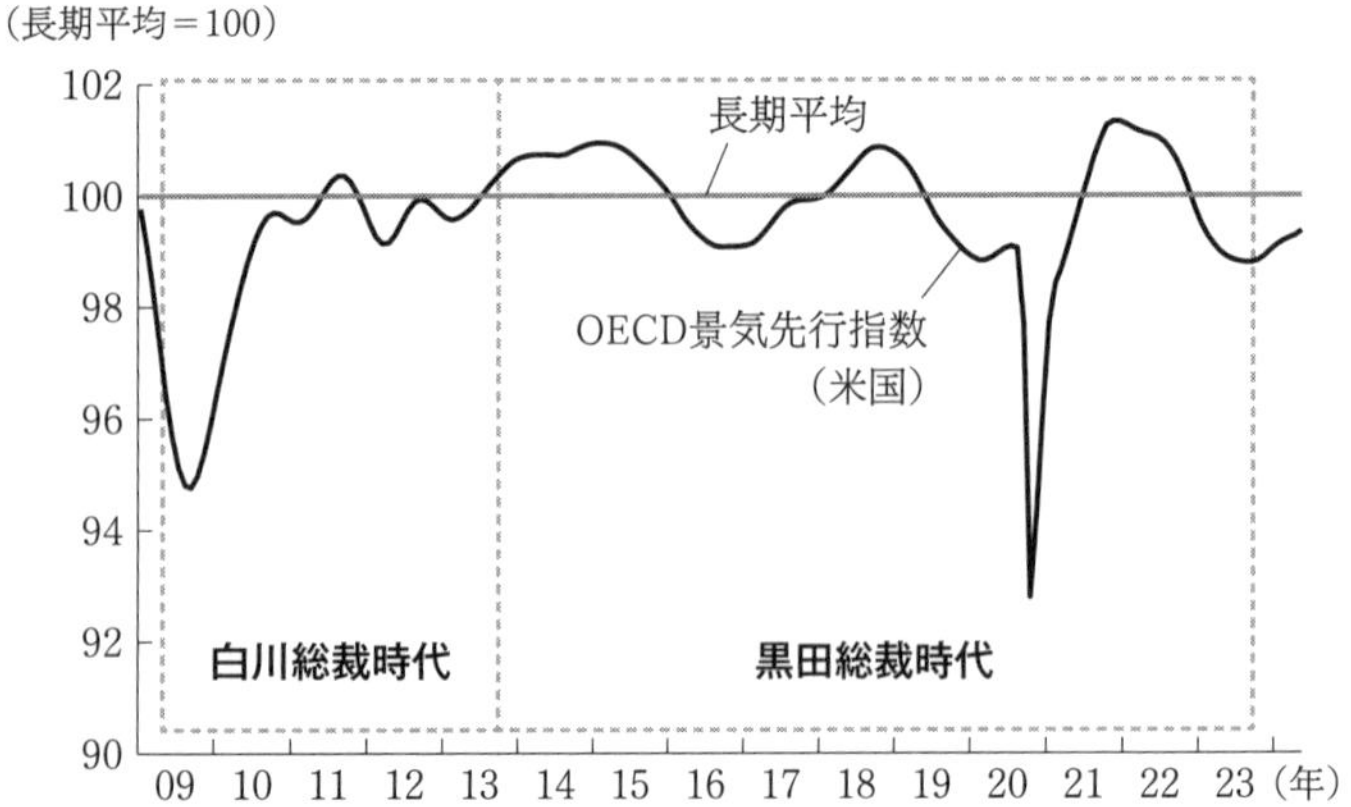

（資料）OECDを基に日本総合研究所作成

た一方、黒田前総裁時代は、Ｇ20各国が大規模な政策出動を行った回復期からスタートしていることの影響が大きい。こうした世界経済の回復局面に黒田総裁は救われたとも言える。

また、米国の金融政策の状況も大きく異なっている。米景気が低迷していた白川元総裁時代は、総裁就任時点では米国は利下げ局面であった。その後は、世界金融危機の余波を受けて、ゼロ金利政策の維持だけではなく、３度にわたる量的緩和（ＱＥ１～３）も実施されるなど、全体的に米国の金融政策が極めて緩和的であった。

これに対し、黒田前総裁時代は当初は米国が量的緩和（ＱＥ３）の途中であったものの、ほどなく量的緩和縮小（テーパリング）が開始され、段階的な利上げ局面へと変化した。その後、新型コロナによるパンデミックから、各国でロックダウンが実施されるなか、世界経済は大恐慌以来の不況に陥るリスクが高まり、ＦＲＢはゼロ金利政策と量的緩和を再び導入した。しかしながら、欧米はロックダウンを早期に解除し、当初多くの人々が想定したよりも早く通常の生活に戻った結果、景気は急激に回復し、ゼロ金利政策は2年で終わっただけでなく、日本よりもいち早く金利のある世界に戻った。このように、白川元総裁時代と比べて、黒田時代においては米国の金融政策は明らかに引き締め的であった。

確かに、異次元緩和の導入によるアナウンスメント効果が、市場参加者にサプライズを与え、白川元総裁時代に一時80円を割り込むほど進んだ円高が是正されたことは評価できるといえる。ただし、既述の通り、白川元総裁時代は米国の金融政策が緩和的でドル安圧力が強かった一方、黒田前総裁の任期中は米金融政策が引き締め的であり、日米金利差が拡大しやすかったことが円安ドル高となったと言える。

株価についても、米国要因で増幅された円安が輸出企業や海外展開を加速しているグローバル企業の業績改善に寄与したほか、堅調な景気回復を背景に最高値更新を続ける米国株の上昇による連れ高といった面もある。

4 マクロ経済に与えた影響は小さかった

世界経済の成長をより信じた?

次に実質GDPの動きに目を転じると、異次元緩和導入直前(2013年1－3月期)と黒田前総裁の任期末直前(2023年1－3月期)を比較した場合、実質GDPは額にして約40兆円、割合にして約7%増加している。ただし、年平均で考えると、わずか0・7%程度の成長ペースにすぎない。もちろんコロナ禍ということは考慮すべきであるが、総じてみればマイルドな回復にとどまったといえよう。

ここで、需要項目をみると、輸出や設備投資、公的需要はこの間に堅調に推移した。円安効果やアベノミクスにおける国土強靭化などが作用したといえる。一方で、個人消費や住宅投資などの家計関連項目は総じて低調である。こちらもコロナ禍が影響している面は否めないが、植田和男総裁就任以降もこれらの指標が弱いことを考えると、低金利は家計部門の回復にはあまりプラスの作用をもたらさなかったともいえる。

確かに輸出は堅調に推移した。世界経済が3%台半ばで堅調に拡大するなか、円安効果も相まって増加したといえる。グローバル企業にとっては、輸出の増加だけでなく現地法人の収益も拡大したため、競争力は非常に高まったといえる。

また、民間企業設備ストックの残高は約20％増となった。もっとも、収益の拡大の割には設備投資が実施されなかったともいえる。実際、法人企業統計をもとに、企業における毎期のキャッシュフロー（社内留保＋減価償却費、以下ＣＦ）に対する設備投資額の比率をみると、変動はあるものの異次元緩和後は下振れが続いており、ここ数年は50～60％で推移するなど、70％を超えていた異次元緩和前を下回っている。業種別にみても、ＣＦの増加率が大きかった製造業を中心に設備投資額が伸び悩んだ。ＣＦほど設備投資がされなかったということは期待成長率が低く、企業は設備投資よりも内部留保や配当を重視したということになる。異次元緩和で日本経済への期待成長率が高まっていれば、企業も国内投資を増やしたと考えられる。しかしながら、国内企業は異次元緩和が国内経済を悪化はさせないものの、Ｖ字回復するようなものではないと考えた。そして、国内設備投資が伸び悩む一方で、国内企業による対外直接投資は異次元緩和後に大きく増加した。企業は異次元緩和よりも世界経済の成長性の方を信じたといえる。２０００年から２０２２年にかけて対外直接投資残高が約８・５倍に急拡大となる一方、民間企業設備ストック残高は約20％増であり、前者と比べるとほぼ横ばいに等しい（図表３）。

家計関係では、雇用面では大きな改善があったといえる。実際、異次元緩和後に雇用者数が約

図表３　対外直接投資残高と民間企業設備

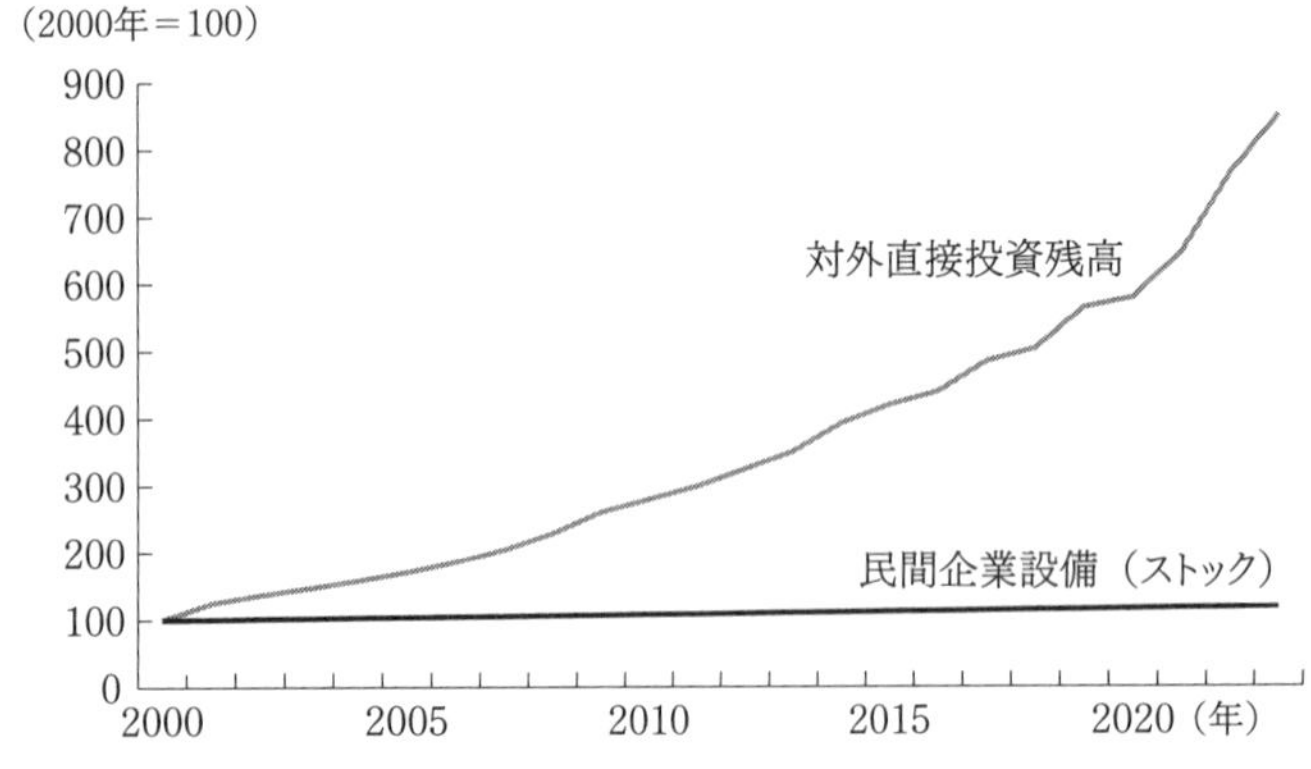

（資料）OECDを基に日本総合研究所作成

５００万人も増加する一方、失業者が約80万人減少している。その結果、失業率は、コロナ禍での一時的な上昇はあったものの、低下基調をたどってきた。異次元緩和後の経済の明るい話題としては雇用の増加は否定するものではない。

しかし、この雇用拡大は異次元緩和のみの効果とするのはミスリーディングである。まず、前述の通り、世界的な景気拡大による影響は重要なポイントである。堅調な世界経済に対して日本企業が対応したことが良好な雇用につながったといえるであろう。

さらに、人口動態の変化も大きな要因である。少子化の影響で若手従業員の採用が難しくなるなか、今後も若手・中核年齢層の人口が確実に先細りし、採用難が強まっていくことが強く懸念されるようになった。実際、２０１５年ごろから人手不足の話題は非常に増えていた。また、就職氷河期世代への対応の失敗も企業の中では話題になっていた。それは１９９０年代後半から２０００年代半ばにかけて就職氷河期が発生したが、その際、多くの企業が新卒採用を大幅に抑制した。その結果、今足元では中間管理職になる人材が不足する状況に多くの企業が悩んでいる状況である。

また、足元の少子化は人口のボリュームゾーンであった氷河期世代が正規雇用につけず、経済的な展望が前向きではなかったため、彼らが結婚や出産に後ろ向きであったことも大きな要因ともいわれている。団塊ジュニアが年間２００万人というボリュームに対し、現在の若者は年間１００万人レベルの出生数であることからわかるように、すでに団塊ジュニアと比べて数が半減している。足元では出生数が70万人レベルと言われるなか、人手不足への警戒感はかなり強いものとなっている。このように、人手不足が長期化するという企業の予測が良好な雇用環境につながったとも言えるだろう。

賃金の伸びはあまりなかった

経済状態が良い雇用拡大であれば、同時に賃金も増えたはずであるが、異次元緩和の期間は、雇用者数が大きく増加した一方で、賃金の伸びは総じて物足りない状況が続いた。一人当たりの現金給与総額の伸びは最近でこそやや拡大しているものの、異次元緩和後の平均でみると前年比０・５％増にすぎない。つまり、企業は日本経済の先行きに強気にはなれず、人件費を抑制する一方、人手不足や長期的な人事戦略の観点から、人手はなんとかして確保しようとし、その結果、賃金を増やさなかったというのが実際のところである。そして労働者側もバブル崩壊の記憶は簡単には払拭できず、低賃金を甘んじてきたと言えよう。

２０２４年の春闘は33年ぶりの高水準となった。しかしそれは異次元緩和による景気拡大効果もあったとはいえるが、基本的には日本が給料の低い国であると多くの人々が認識するようになり、賃上げをしないと人手を確保できなくなったことが主因である。その意味では、足元ではやっとレジームチェンジが起きやすくなったと考えることもできる。つまり、金利のない世界の前提条件であった、低賃金↓低物価上昇から、高賃金↓物価上昇へと変わり、金利のある世界に移るということになる。

最後に物価をみる。消費者物価上昇率（除く生鮮食品）は異次元緩和前には小幅なマイナス圏にあったが、異次元緩和後にはプラス圏で推移することが多くなった。とりわけ、２０２２年以降には物価上昇が急加速し、同年４月以降は物価目標の水準である前年比２％を上回っている。

ただし、この物価上昇率加速については、景気拡大や雇用賃金環境の改善といった、需要面から惹起される良い物価上昇ではなく、世界的な資源・エネルギー価格高騰と円安進行による輸入物価の上昇が主因であり、仕入れコスト増加に耐えきれなくなった国内企業が、販売数量が減ることを許容しても、販売価格への転嫁を進めたという側面が強い。つまり、典型的な悪い物価上昇であり、これは賃金上昇と物価上昇で好循環を作るといった黒田日銀の考えとは異なる。実際、2％を超える局面であっても日銀は簡単には金利引き上げを行うことはなかった。

日銀自身も、23年来の物価上昇については、「コストプッシュ型」であることから、エネルギー価格の物価押し上げ寄与が減衰することで、「2％超の上昇率は持続しない」との見通しを基本的に維持している。日銀が24年3月に政策変更に踏み切ったのは当初想定よりも強い春闘を見たからであり、結局のところ、賃金がいかに上がるかが重要といえる。

5 貸出促進効果は不動産関連が顕著

次に貸出市場についてみてみる。異次元緩和後に市場金利が大きく押し下げられたことを受けて、銀行の貸出金利は低下した。こうしたなか、不良債権問題などが発生しなかったこともあり、銀行も貸出姿勢は緩和的であった。そのため、金利低下の効果は顕在化しやすい環境であった。そのため、銀行貸出も異次元緩和後に伸び率をやや高め、期間を通じて見れば、概ね前年比2％前後とまずまずの水準で推移してきた。

しかしながら、伸び率の内訳を見ると、企業向けでは不動産業向け（図表4）と住宅ローンを含

図表4　異次元緩和後の銀行貸出の伸び

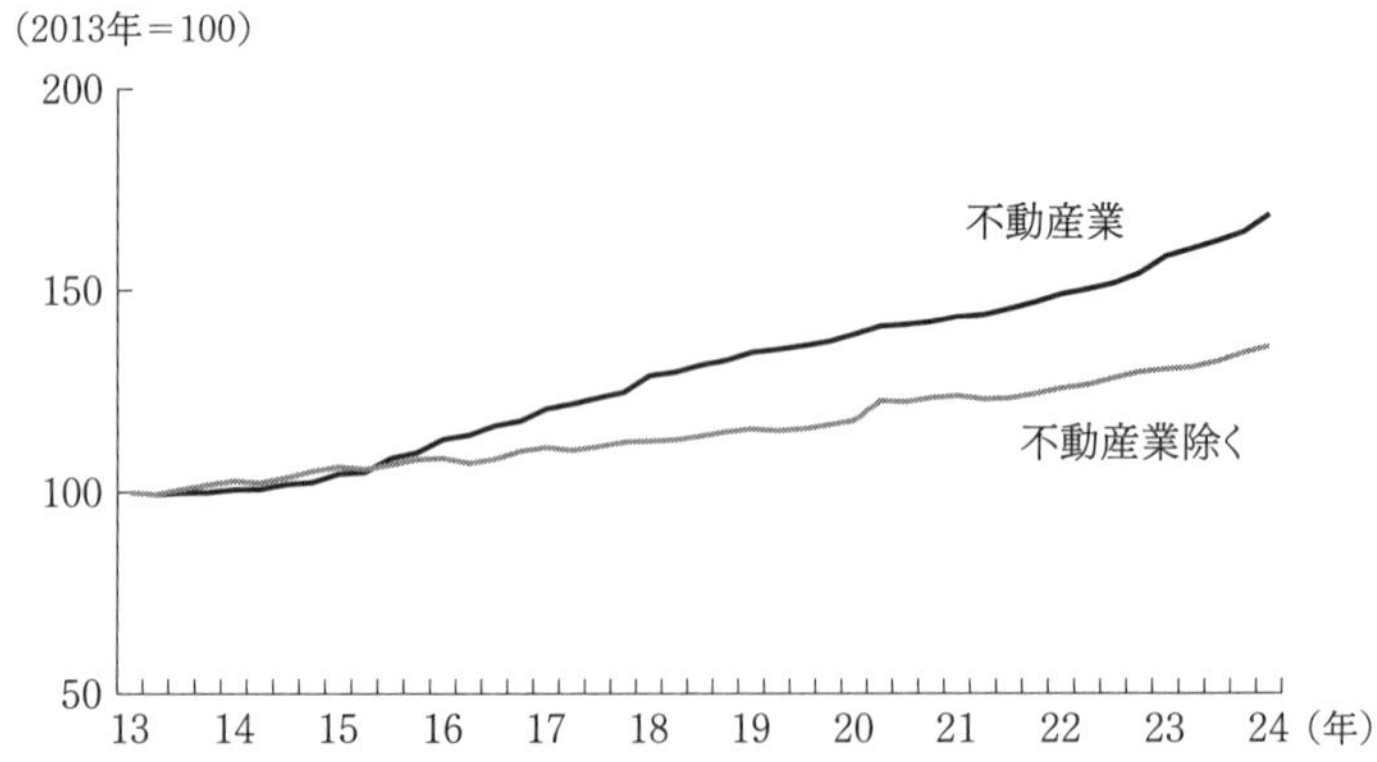

(資料) 日本銀行を基に日本総合研究所作成

む個人向けが大きく伸びるといった、いびつなものとなっている。まず不動産業向けが大きく増えた理由としては、都内を中心とした都市部への不動産開発の増加がある。大型開発が相次ぎ金融機関は不動産関係の投資を急拡大させた。また、世界的に都市部の不動産価格が高騰するなか、相対的に日本の不動産価格が低いとみなされるようになったことも背景にある。

また借り入れを増やせば投入する自己資本は少なめで済む。そのため、不動産ファンドなどが多く組成され、そこに銀行借り入れを活用することが非常に増えた。実際、日本不動産研究所の2023年5月のアンケート調査では、日銀の金融政策が不動産投資市場へ及ぼす影響について、投資家がどのように考えているか、アンケートを実施し、その中で、「異次元の金融緩和」は日本の不動産投資市場にプラスの影響を与えた、と考える投資家は約85%と大多数を占めた。

個人向けもその大半が住宅ローンであることを踏まえると、やはり不動産の伸びが著しかったといえる。不動産業向けも住宅ローンもレバレッジが高いことが多いため、金利感応度が高い。また、貸し手の銀行側からしても、貸出の際に不動産を担保に取れるため手掛けやすいという面もある。

家計については後述するが、政府の住宅ローン控除によって人々が住宅ローン借り入れを増やすことが増えた。特に変動金利は０%前半と非常に低かったため、現在の住宅ローン控除を活用すれば、減税額の方が利払いよりも多くなるケースもある。そのため住宅ローンの拡大局面が続いた。

不動産領域向けの貸出が伸びると同時に他の分野向けの貸出が伸びていれば通常の景気回復ともいえるが、異次元緩和後の銀行貸出の伸びは、今まで伸びたように不動産向けに偏っている。不動産向け貸出に偏ることとの問題としては、歴史を振り返ると、金融危機の要因となることが指摘できる。実際、過去の金融危機は不動産バブルの崩壊が引き金となることが多い。古くは米国のＳ＆Ｌ危機、[3] 97年以降の日本の金融危機、[4] ２００７、08年のサブプライム・リーマンショックである。不動産関連は借り入れ額も大きく、不動産危機はイコール銀行危機につながりやすい。低金利状態が続くと、不動産関連の銀行借り入れが急増し、バブルの蓄積となってしまう。そうしたなか、金利が上昇すると、不動産関連の貸し倒れが発生する。そして、担保物件を売却しようとしても、値段が大幅に下がるだけでなく、場合によっては買い手がいないといった事態も発生する。

筆者は1997年に住友銀行に入行し、不良債権処理の業務にわずかながら関わったが、不動産は権利関係が複雑であり、なかなか売却や償却が進まないことが多かった。不動産部門のリスクにどう対応をするかが、金利のある世界において重要となろう。

6 異次元緩和の総合的な評価

こうして当初こそ株高などの大きな成果を上げた異次元緩和であったが、時が経つにつれて、効果は限定的ではないかとする意見が強くなった。とりわけ、マクロ経済関係で期待した効果が出なかったことが明白になってきた。確かにリフレ派と言われる人々は、雇用改善を理由に異次元緩和のメリットを主張したが、それ以外の景気指標は、前述の通り、悪化はしないまでも伸び悩んだ結果、多くの人々は懐疑的な見方を示した。

そして、異次元緩和について多くの識者が疑問を持った一番大きな理由としては2年以内に実現するとしていた2％というインフレターゲットの達成が難しくなったことだ。２０１４年10月31日に日銀は追加の金融緩和を決めたが、その具体的内容はマネタリーベースを10兆～20兆円増やし年80兆円に拡大した。そして、長期国債の買い入れ量も30兆円増やして80兆円にするとした。国債の平均残存期間も7年程度から7～10年程度と伸ばす。ＥＴＦの購入量はそれまでの1兆円から3兆円と3倍に増やすというものであった。しかしながら、物価上昇が当初言われていたものよりも緩やかであったため、市場にサプライズを起こすまではいかなかった。

ちなみに、当事者である黒田前総裁は、自身最後の決定会合となった24年3月10日の記者会見において、異次元緩和の評価について、「政府の様々な政策とも相まって、経済・物価の押し上げ効果をしっかりと発揮してきている」と総括している。そして、具体的な効果として、「物価が持続的に下落するという意味でのデフレではなくなったこと」「労働需給のタイト化をもたらし、４００万人を超える雇用の増加がみられるようになったこと」「ベアが復活し雇用者報酬が増加したこと」「経済が活性化したもとで、設備投資がかなり増進したこと」と指摘している。一方で副作用については、「非常に累積しているとか大きくなっているとか、そういうものはあまりあるとは思わない」と、適切な対応によって抑制してきたとの認識を示している。政策当局者でもあるため、そのような発言しかできない面があるのは否めないが、多くのエコノミストはこれよりも厳しめに評価していることには留意が必要である。

7 非伝統的手段を巡る諸外国の実験と日本の違い

効果的だが、積極的に使うものではない

一方で、こうした非伝統的な金融政策は日銀だけではない。リーマンショックやコロナ危機を受けて先進国の中央銀行の多くがマイナス金利などの政策を実施した。一方で、先進国の中銀などではこうした政策の功罪について検証し始めており、約10年間にわたる各中央銀行による実践の経験の蓄積を経て、その評価が固まりつつある。当社の河村小百合主席研究員は海外の中銀の状況について詳細に分析しているが、それをベースに私の考えも加えて、現状の評価について整理したい。

まず、マイナス金利政策については、世界的に低成長・低金利状態が長期化するなかで、中央銀行が従前は限界と認識されていたゼロ%を超えてマイナス圏内にまで金利を引き下げる余地を生み出したが、主要中銀などでは、各国の経済活動を刺激し、物価上昇率を押し上げるうえで一定の効果があったとされている。ただし、民間銀行の預金金利や貸出金利に波及する効果については実証分析上は疑問が残るなど、必ずしも有効な政策として評価されているものではない。加

えて、①民間金融機関の経営、ひいては金融仲介機能の発揮へのマイナス影響を与えかねない、②預金の現金への大規模な代替を加速する恐れがある、③金融の不均衡を加速させるリスクがある、といった点での副作用も各国でみられた。そのため、マイナス金利を深掘りする、ないしは長期化させるにも限度があると考えられている。つまり、一定の効果はあり、非常時の政策の選択肢の一つとして認めつつも、弊害や限界があり、積極的に使われる政策ではないというのが、各国中銀の考えである。そのため、マイナス金利政策は、今後、他中銀も含めて導入する可能性のある手段とは言えようが、ゼロ金利制約に直面した時に真っ先に採用されるような手段にはあたらず、活用するとしても吟味をしたうえで、一時的に実施するイレギュラーな政策と認識されている。

金利の低下は大企業に有利に

次にイールド・ターゲット政策をみる。その実例としては、オーストラリア準備銀行があげられる。もっとも、その政策意図や手法は日銀とは大きく異なる。特に注目すべき点としては、オーストラリア準備銀行のイールド・ターゲット政策は、3年物の国債であり、日本のような長期債は入っていないところである。3年物にした理由は、「短期の政策金利を先行き長期間にわたり超低金利状態でとどめおくことを前もって約束する」というフォワード・ガイダンスを強化する意味合いが強く、日銀が実施している「イールドカーブ全体を押し下げる政策」とはかなり異なる。日銀型のイールドカーブコントロール政策に関しては、コロナ禍においても、他中銀に追随する例はなく、本格的に導入が検討された形跡も見当たらないのが実情である。やはり、基本的には中央銀行は短期金利の操作に注力すべきであり、イールドカーブ全体まで影響を及ぼすのは将来に禍根を残すと考える中銀が多い。

さらに、そもそも論として、過度な金融緩和は必ずしも景気を刺激するのではなく、かえって経済の成長性を阻害するという研究もみられる。例えば、プリンストン大学の経済学者、アーネスト・リュー教授とアティフ・ミアン教授、シカゴ大学ブース経営大学院のアミール・スフィ教授による研究によると、金利低下はいずれ生産性上昇率を低下させ、経済全体の活力を弱めることになるとしている。このような結果は、金利低下が市場支配力の集中を進めることから生じるというのがこの論文の主張である。

金利が低下すると、各業界の大手企業は中小企業よりも、はるかにそれを有利に活用することができる。その結果、大手企業の成長は加速し、一時的には生産性が高まる。また、大きい企業がさらに大きくなる結果、他社の追随を難しくするという面もある。

競争条件が悪化した中小企業は、生き残りに必死なあまり、行動が短期的になってしまい、結果として新製品や技術への投資を中止することになる。一方で、もはや中小企業との競争に脅かされることがないほど巨大になった業界の大手企業は、競争相手が減ったことから、投資をして新たな競争優位性を生み出すのではなく、投資を手控え、株主に配当を回すなどの対応に変わる。市場支配力が少数の大手企業に集中することで、新規に開業する起業家も減少していく。こうして、生産性上昇率はやがて低下し、業界の活力は低下してしまうという。また、「謎」とも言われる近年の米国での生産性上昇率低下の背景を、こうした理論が説明しているとする意見もある。

一方、低金利が企業の新陳代謝を阻害するという議論もある。金利が低下した結果、金利負担が減って、退出すべき企業が退出せず、経済全体の生産性を低下させるというものである。いわゆる、「ゾンビ企業仮説」である。

ゾンビ企業とは、「借金を背負いすぎた非効率な企業」のことである。1990年代後半から世界的に使われることが広がってきた用語・概念であるが、そもそもはわが国の不良債権問題から始まったものである。ゾンビ企業の多さが日本経済の成長を阻害しており、これを整理する構造改革が日本経済の復活に必要である。――わが国の「失われた20年」の序盤にあたる頃から、そうした「ゾンビ企業仮説」が提唱されるようになった。

バブル崩壊後の90年代半ば頃、すでに多額の不良債権を抱えていた銀行では、建設、不動産などバブル関連業種向けを中心に不良債権問題に直面していた。これらを普通に処理すると銀行が自己資本不足に追い込まれて、最悪の場合は国有化などの事態に追い込まれる。そのため、不良債権処理を先送りするべく、銀行は、再建の見込みがない企業を〝追い貸し〟などにより延命させているのではないか、との意見が強まった。つまり、銀行界と一部の産業界が一体となった問題先送りが、金融仲介機能をゆがめ、経済全体の効率性を妨げてきたのではないか、というのが「ゾンビ企業仮説」であった。金利が高ければ、利払い費が増えるためゾンビ企業が生き残る余地は乏しくなるが、金利が低ければ、債務が多くても利払いは可能で倒産は回避できる。確かに倒産は回避できるものの、本来であれば、こうした会社は市場を退出し、人材や設備は効率的な企業が受け継ぐことで企業部門全体の生産性は維持できるとする議論である。

低金利と生産性低下の議論はいわば、鶏と卵の議論であり、どちらが先かはなかなか判別しづらい。しかしながら、低金利が長期化すれば企業に甘えが出てくるのは事実であろう。「金利のない世界」が長期化したことにより、日本企業の力を弱めてしまったことは痛切に反省しなければならないであろう。

8
信じれば飛べるピーターパン

期待に働きかける政策

さて、異次元緩和とは一体何であっただろうか。まず言えることは期待に働きかけるという政策だ。経済学でも期待の重要性はかなり認識されている。そのため日銀がなんとしても物価を上げたいと強くコミットをすることは、人々のデフレマインドを一定程度上向きに変えるメリットはある。一方で、企業経営でもあることであるが、将来への期待というのは、「理屈よりも気持ち先行」になりがちである。そしてそれが最終的には「単なる精神論」に陥ることもあるということだ。

この点に関して、市場関係者の間で話題になった黒田総裁の講演がある。日銀の金融研究所が毎年開催している国際カンファレンスでは、金融政策や経済金融面の課題を巡り、学術的な議論を展開しているが、2015年の会議の開会挨拶で、黒田総裁はピーターパンの物語から「飛べるかどうかを疑った瞬間に永遠に飛べなくなってしまう」という言葉を引用した。もちろんこれは黒田総裁は異次元緩和が無意味だと言ったわけではなく、中央銀行が直面する諸課題は困難だが、答えが見つかると信じて前向きに議論しようという趣旨で呼びかけたものである。

それでも市場関係者がピーターパンに異次元緩和を重ね合わせて受け止めたのは、日銀で理事等の要職を務めた門間一夫氏が指摘する通り、異次元緩和の本質を突いていたからではないだろうか。２０１５年と言えば、異次元緩和の開始からちょうど2年が経過し、2年では2％の物価上昇が達成できなかった事実が確定した時期であった。信じることが大事だと言い聞かせる。まさにピーターパンは日銀そのものであったという識者の声もうなずける。

それではなぜ黒田日銀では、信じれば飛べるといった、精神論を掲げたのであろうか。門間氏は著書『日本経済の見えない真実』の中で自らの経験を振り返り、①他に方法がなかった、②ひょっとするとうまくいく可能性があった。③失敗するにせよ、全力を出し切る必要があったの3点を指摘している。

この3点は、もしかすると、サラリーマン組織や行政当局で実務にあたっている読者が一番わかるのかもしれない。困難な事態に陥り、羅針盤もない。そうしたなか、できることというのを重ねていくと、異次元緩和にたどり着いたということである。確かに評論家や学者は責任がないため、自由に発言できる。また何もしないという選択肢も提案できる。

一方で政策当局者や実務担当者は、「何もしない」というのは無策ととらえられる可能性があるため、何らかの形で政策を打ち出さなければならない。そして、当時は世論にしても政治にしても、大幅な金融緩和への期待は大きいものであった。そのなかで確実性はないものの、実験的な政策としてやるしかないというのが当時の政策担当者の本音であったと考えられる。

結果的に長期戦になってしまった

さて、この異次元緩和を振り返ってみて、もう一つ考えなければならない問題がある。それは短期決戦か持久戦かという話である。当初黒田総裁が就任したときには2年で2％に物価を上げる作戦であり、長期戦である必要は全くなかった。実際当時の日銀関係者に話を聞いても、そのような解釈をしている。しかしながら、結果として長期戦となってしまった。ある意味、太平洋戦争と似てしまった。実際、経済学者の脇田成氏は著書『日本経済の故障箇所』で日銀の異次元緩和について言及した章の冒頭に、山本五十六の「初め半年か一年の間は随分暴れてご覧に入れる。然しながら、二年三年となれば、まったく確信は持てぬ。」を引用しているが、まさにその状態が当てはまっている。

太平洋戦争において日本は持久戦には持ちこたえられないと考え、真珠湾攻撃で一気に片付け、米国軍の戦意を喪失させて勝とうとする戦略を立てていたが、結局は4年にも及ぶ長期戦となってしまった。短期決戦でうまくいかなかったときに、一度総括してもう一度短期戦を繰り返すのか、持久戦にしていくのか、きちんと考えていく必要があったのではないだろうか。

この章のまとめ

▼日銀はマイナス金利の導入やイールドカーブコントロールなど、まさにこれまでの常識とは異なる金融政策を導入した。当初は円安・株高が進み、人々は黒田バズーカと評価するなど、異次元緩和は大きな効果があるように見えた。

▼しかしながら、2%の物価上昇は達成できず、徐々に効き目がないとみなされることが増えてきた。実態の経済指標を見ても設備投資や雇用などプラスになったものもあるが、総じてみれば力強さを欠いていた。賃金が上がらず、物価もなかなか上昇しなかった。確かに足元では物価は2%を超えているが、これは良い物価上昇というより輸入インフレによる悪い物価上昇であり、日銀が意図したものではなかった。

▼銀行貸出も不動産向けが目立った。金利が低いことで、住宅ローンの借り入れも増加した。変動金利の低さと住宅ローン控除が相まって、変動金利のローン残高が増えるなど、不均衡も蓄積した。

▼海外の中銀でもマイナス金利などの措置が実施された。しかしながら、これは短期的かつ限定的な政策であるというのが一般的な考えであり、長期化は避けるものとされている。

▼そもそも、短期決戦で導入したのが異次元緩和であり、これが長期化したというのがある意味

日銀の誤算であり、日本の金融政策の誤算であったとも言えよう。

1．日銀が保有する長期国債の残高を日本銀行券（お札）の流通残高以下に収めるという政策上の自主ルール。国の債務である国債を日銀が無制限に引き受けることを抑止する目的で2001年に設定された。「銀行券ルール」ともいう。
2．経済協力開発機構（OECD）が、主要国の国内総生産（GDP）に連動しやすい経済指標を基に作成している指数。100を上回ると景気拡大局面、下回ると景気後退局面とみられる。
3．米国では1980年代に貯蓄貸付組合（S&L）の破たんが相次いで、一種の金融危機的な状況となった。預金金利の自由化で競争が激しくなるなか、本業の住宅ローンだけでなく、他の不動産ローンにも手を出すなどして過度なリスクテイクが問題となった。
4．日本ではバブル崩壊以降、不良債権が増加し、97年以降、金融機関の破たんが相次いだ。なお、不動産バブル崩壊の端緒としては、95年の住専問題があげられる。住専問題とは、住宅ローン専門会社が事業性ローンに進出して失敗したものである。バブル崩壊に対して金融機関の不良債権処理額は100兆円にも及んだ。日本のバブル崩壊による金融危機は、2003年のりそな銀行の実質国有化で沈静化に向かうこととなった。

第2章

マイナス金利の解除と残された課題

1　正常化に向けて一歩前進

さて、前述の通り、日銀は異次元緩和を行い、一定の効果を出しつつも、経済を刺激する効果には限界があったことを示した。そして、海外もコロナによるパンデミックを受けて、大幅な金融緩和を行い、そして正常化に向けて歩みを進めた。

そこで、24年3月の政策変更を振り返りたい。まずは、マイナス金利政策の解除である。超過準備への付利金利を＋0・1％とし、従来の政策金利の▲0・1％を0・2％ポイント引き上げた。

また、異次元緩和においては、それ以外にも様々な非伝統的な金融緩和が行われた。その一つが前述した、長短金利操作（イールドカーブコントロール、YCC）と呼ばれる長期金利を抑える措置である。一般的に中央銀行の金融政策は短期金利のみ操作し、長期金利は市場に委ねるというものであるが、YCCでは短期金利だけでなく長期金利もコントロールしていた。

確かに同様の政策は、前述の通り、米国で1942〜1951年に実施されたことがあるが、一般的に金融政策の場では、市場をゆがめるとして、いわば禁じ手とされた政策である。また、上場投資信託（ＥＴＦ）やＪ－ＲＥＩＴといった株式に類似するものの購入も行われたが、これも金利関係の金融商品を対象にしていた伝統的な金融政策とは異なるものである。さらにオーバーシュート型コミットメントも実施された。これは、消費者物価指数（ＣＰＩ、除く生鮮食品）の前年比上昇率２％を一時的に上回ってもすぐに金融緩和政策をやめるのではなく、同実績値が安定的に２％を超えるまでマネタリーベース（資金供給量）を持続的に拡大するものである。３月の決定では、これらすべてを停止・撤廃することとなった（図表５）。なお、ＹＣＣについては、３月の決定においては、長期金利で１％という目途はなくなるが、国債買い入れは当面これまでと同程度の額で継続し、市場金利が急激に上昇する場合は機動的なオペを打つといった一種の玉虫色の見直し策となっていた。

デフレ脱却もみえつつあるなか、異例の措置を終えるのは適切な判断と考えられる。また近年は、強引な新発国債の買い集めが金利体系をゆがめ、一時は企業の資金調達に支障が生じた。円安も加速し、それが物価高に拍車をかけたとする意見も強まりをみせていた。こうした弊害を是正するためにも正常化に向けて一歩前進したことは望ましいといえる。長期債やＥＴＦまで対象とした「なんでもあり」的な政策から伝統的な短期金利操作に特化した通常の金融政策に戻るプロセスに入ることは望ましいことと考える。

そして７月の会合では金融引き締めをさらに進めた。政策金利を０・25％まで引き上げたこと

図表5　日銀の政策変更の概要(24年3月19日)

	従来の措置	今回の対応
マイナス金利	金融機関が日銀に預けている当座預金の一部にマイナス0.1%の金利を適用	超過準備への付利金利を＋0.1%と、0.2%ポイント引き上げ
YCC	一般的に中央銀行の金融緩和は短期金利のみ操作し、長期金利は市場に委ねるというものであるが、YCCでは短期金利だけでなく長期金利もコントロール	長期金利で1%という目途は廃止。なお、国債買い入れ額は当面これまでと同程度、市場金利が急激に上昇する場合は機動的なオペを実施
オーバーシュート型コミットメント	消費者物価指数(CPI、除く生鮮食品)の前年比上昇率2%を一時的に上回ってもすぐに金融緩和政策をやめるのではなく、同実績値が安定的に2%を超えるまでマネタリーベース(資金供給量)を持続的に拡大	終了
資産買い入れ	上場投資信託(ETF)やJ-REITといったリスク資産の購入	ETF・J-REIT:買い入れ停止 CP・社債等:1年を目途に買い入れ停止

(資料) 日本銀行を基に日本総合研究所作成

に加えて、国債買い入れについて、原則として毎四半期4000億円程度ずつ減額し、2026年1〜3月に3兆円程度とすることとした。

さて、日銀の政策変更後の金融市場の動向をみると、3月の決定後は株価がしばらく伸び悩んだものの、底堅く推移し、7月11日には4万2224円と終値ベースの最高値を更新した。その意味で3月の決定は市場に十分に理解されたといえる。もっとも、7月会合後、米国の株価下落の影響もあったとはいえ、一時、終値ベースで3万1000円台までわが国の株価も急落した。その後、内田副総裁のハト派的な発言を受けて急回復したが、金融引き締めの難しさも感じさせる展開であった。こうした株価の動向をみると、今後は日銀の引き締めペースは緩やかなものになると予想される。本書執筆時点（2024年8月）ではまだ米国は利下げをしていないが、早晩利下げに転じるとみられ、そのことも日銀の利上げペースを抑える要因になると考えられる。

一方で、金融引き締めが予想よりも早くなるリスク要因もある。それは為替動向である。大幅な円安進行が続く場合には、日本銀行は追加利上げの前倒しによって、円安を阻止する可能性もある。確かに、多くのエコノミストは、米国で景気が減速するなか、早晩ＦＲＢは利下げに踏み切るとみている。しかしながら、米国景気の底堅さが目立つなか、米国の金融緩和が予想よりも進まないリスクもある。その場合は予想よりも引き締めが進む恐れがある。

2 残された課題①〜ＹＣＣからの完全な卒業

国債買い入れはどうする？

24年3月に日銀はＹＣＣの1％という目安は撤廃した一方で、前述の通り、国債の買い入れ金額は維持を決めた。その後、日銀が6月13〜14日の金融政策決定会合で、金融市場調節方針の現状維持と合わせて決定したのは、「金融市場において長期金利がより自由な形で形成されるよう、長期国債買い入れを減額していく方針」と、「市場参加者の意見も確認し、次回金融政策決定会合において、今後1〜2年程度の具体的な減額計画を決定する」ということであった。そして7月31日には、前述の通り、長期国債買い入れ額を毎四半期４０００億円程度ずつ減額し、２０２６年1〜3月に3兆円程度とすることが決定された。

この決定のポイントとしては、「国債の買い入れの減額」は実施していくものの、「日銀が保有する国債残高の縮減」ないしは「日銀自身の資産（もしくはバランス・シート）規模の縮減」ということには言及していないことである。また、長期金利が急上昇する場合には、買い入れ額の増額を実施することともしている。こうした内容の決定は、海外の先進各国の主要中央銀行の金融政策運営とは、大きく方針が異なるものである。

まず、これほど日銀依存の市場となった今では、国債買い入れは簡単にはやめることが難しいと日銀は考えている可能性がある。通常の中央銀行であれば、マイナス金利政策をやめた時点、ないしは〝ゼロ金利制約〟から脱却できた時点で、国債買い入れをやめると考えられる。実際、海外の主要先進国の中央銀行はどこもみな、そのように国債の新規の買い入れを完全に停止している。市場メカニズムを尊重する立場をとり、もはや危機局面でもない以上、長期金利は市場に委ねる方が将来的な禍根は小さくなると考えるのが普通であろう。仮にそれによって金融機関の破綻などがあったとしても、それは金融政策ではなく、預金保険などの他の制度で対応するというのが確かに政策として「王道」といえる。

本来であれば、一定の金利が復活するなかでは、長期金利については中央銀行が関与する筋合いのものではない。長期金利について金融政策運営が与えうる影響は、短期の政策金利の調節が長期金利の水準形成に部分的に影響するところまでで、あとは、実際の経済動向次第、財政運営の責任で最終的な日々の長期金利の水準が市場で決定される、というのが金融論の教科書的な考えだ。

もっとも、日本は先進国で最悪の財政状況であり、すぐに国債買い入れをゼロにしてしまった場合、金利急上昇と金融機関経営の悪化など、経済が混乱する可能性がある。一方で金融政策の正常化を進める必要がある。だからこそ、植田総裁は24年6月14日の記者会見で、国債買い入れを減額しつつも、状況に応じて追加対応する余地を残す姿勢を示している。

また、7月の決定においても、①2025年6月の金融政策決定会合で中間評価を行い、必要があれば計画に修正を加える、②長期金利が急激に上昇する場合には、機動的に買い入れ額の増額などを実施する、③必要な場合は減額計画を見直すこともありうる、など、市場動向によっては現在の計画よりも減額ペースを落として、YCC的な政策を行える余地を残している。

前述の通り、欧米の主要中銀では、非伝統的手段が、一定の条件付きとはいえ金融政策運営の手段の一部となっている。そして、国債買い入れ等の非伝統的な手段は、ゼロ金利制約に直面した際に用いる例外的な手段、と位置づけられているのが通例だ。だからこそ、マイナス金利政策から脱却できたり、〝ゼロ金利制約〟状態から脱却できたりしたタイミングで、国債の買い入れから脱却している。

一方で、日銀がそのような思い切った対応が行えない事情も理解できる。それはこれほど国債発行残高が増えた現状では、わずかな金利上昇で金融市場の動揺が起きる可能性があるからとみられる。実際、わが国においても20年近く前に長期金利上昇ショックがあった。

一気に長期金利が上昇するリスク

1つは、1998年の資金運用部ショックである。1998年、日本は大手金融機関が破綻するという金融危機に見舞われ、長期金利の世界最低記録と言われた、17世紀のジェノバ共和国国債の1・125%を更新し、10月には0・77%まで長期金利は低下した。

その一方で、度重なる財政出動によって財政赤字は拡大傾向が続き、国債の大幅な増発が実施された。そして米国の格付け会社ムーディーズから財政の持続性に疑問を突きつけられ、日本国債の格下げが行われる時代であった。そうしたなか、当時、大蔵省資金運用部[1]が国債の買い入れ停止を発表した。資金運用部は、当時の郵便、貯金や年金積立金等の一部を預かって、国債の購入などを行っていた大蔵省の管轄組織である。当時、何百兆円という巨額の資金を動かしており、この巨大な買い手がいなくなることで、国債市場は買い手不在の危機感が高まった。そのため10年物の国債金利は、翌年の1999年2月には2・4%を超えるところまで上がり、その幅1・6%以上と急激に上昇した。これは資金運用部ショックと言われている。当時の損失は、正確に見積もることはかなり難しい。が、その当時の発行残高や当時の市場構造などから考えると約40兆円の損失が発生したと指摘する識者もいる。当時は金融市場に大きなショックを与えた資金運用部の借り入れ停止であったが、99年2月20日に金利政策を導入したことで長期金利の上昇も止まり、混乱は比較的短期間で収束した。

次に金融市場で今でも語り継がれるショックが２００３年のＶａＲショックである。当時は銀行の多くが余剰資金を国債で運用していた。当時は不良債権問題もあり、なかなか新規融資に踏み切れない金融機関が多く、そのため余剰資金が大量に国債市場に滞留した。当時は金融工学が各金融機関で積極的に導入され始めた時期であり、ＶａＲ（Value at Risk）という手法が使われていた。これは統計学などを使って価格変動額を検出し、最悪のケースでどれぐらいの損失が発生するかを示すものである。この推定損失額を一定限度に抑えることで、相場が悪い方向に動いたときにおいても、経営に対してダメージを与えないようにする運用手法である。

この運用手法自体は決して間違いではない。しかしながら、市場が大きく変動し始めると、推定される価格変動が大きくなり、ＶａＲの損失額が増えていく。そうなってくると、多くの金融機関はロスカット該当とし、国債を売るようになる。これは一部の銀行がやっているだけであれば大きな問題にはならない。ミクロで見れば決して間違いではないが、多くの金融機関が同じような金融工学的手法を使うと一斉に売りが出てしまう。そのため市場では国債が大きく売られてしまった。[2]

金利上昇幅は資金運用部ショックなどと比べるとそんなに大きくはない。しかしながらこの時期の日本国債の残高は４５０兆円に達していたので、そのため推定損失は40兆円くらいになったと考えられている。現在、日本の国債の発行残高はすでに１０００兆円規模になっている。そのため金利自体はわずかしか動かなかったとしても、受ける損失は非常に大きくなる。日本の国債の平均残存年数は10年近いことを考えると、0・5％金利が上昇するだけで資金運用部ショックやVaRショック並みの損失額となる。日銀はYCCで1％近く金利が押し下げられたとみてきたが、これから国債減額をしていけば、うまく市場と調整しなければ、急激に0・5％以上長期金利が上昇してしまうリスクがある。その意味で、過去と同程度の損失を与えるショックが起きることは注意してみる必要がある。

YCCから日銀が完全に卒業できていないという指摘を行う識者は多く存在している。そして、マーケットの原則から言えば、それは正しい。一方で、長期金利上昇時の悪影響は過去の事例や世界各国の状況とは比べものにならない可能性がある。YCCからの完全な卒業がまだ展望できる状況ではないのが日銀としても悩ましいところである。

3 残された課題②〜大量保有のETFの処理

ETFの売却に234年？

さて、今回の措置では多くの面で正常化に近づいたが、依然として出口がみえないのが、大量に日銀が購入してきたＥＴＦ・Ｊ－ＲＥＩＴの取り扱いである。

国債は満期が来れば償還され、残高は落ちていく。一方でＥＴＦやＪ－ＲＥＩＴはこれから新規購入がないとはいえ、満期がないため保有し続けることとなる。市場に影響を与えず、この残高をどのように減らしていくのか、日銀は対応を迫られている。日銀はかつて、株式市場に悪影響を与えずに売却できる株式の規模を年間３０００億円と説明した。仮に２０２４年2月末に約71兆円（時価）の日銀保有のＥＴＦをこのペースで売却する場合、売却を終えるまでに実に２３４年の時間を要することになる。これは現実的な解決策とは言えない。

また、政府が国債を発行して、時価でＥＴＦを引き取り、基金が保有するというスキームも議論されている。専用の基金をたてるほか、ＧＰＩＦ、大学ファンドなどが受け入れる案もある。また、売却などせず、「長期成長基金」といった日本経済の成長に資する基金を設立して、永久に凍結し、そこから得られる配当金（年間６０００億円程度）を原資に研究開発資金等に充当することを提案している識者も存在する。日本企業が稼いだ利益を、日本の将来の成長の種に使ってはどうかという提案である。

政府が購入する場合、国債発行が必要となる。しかしながら、一度に70兆円もの国債発行をすることは国債市場に動揺を与える可能性がある。そのため、立法的な措置が必要であるが、交付国債[3]を活用するという提案もある。交付国債とは国が現金を渡す代わりに交付する国債である。

図表6　ETFの処理方法についての考え方

考えられる対応	概要
定額・定期的な少量の売却	日銀はかつて、株式市場に悪影響を与えずに売却できる株式の規模を年間3000億円と説明。仮に2024年2月末に約71兆円（時価）の日銀保有のETFをこのペースで売却する場合、234年必要
政府の基金等への売却	政府が国債を発行して、時価でETFを引き取り、政府が保有するというスキームも議論されている。専用の基金をたてるほか、GPIF、大学ファンドなどが受け入れる案がエコノミストから提案されている状況
投資家へのインセンティブを付けた売却	香港で実施例あり。香港政府は1998年、投機筋の仕掛けに対し、香港株式を買い入れることで対抗。出口戦略では、ETFを組成して国民に割引価格で販売すると同時に、長期保有ボーナスとして買い入れ1年後と2年後に合計＋12％分のETFを追加割当するというもの

（資料）各種報道を基に日本総合研究所作成

通常の国債とは異なり、債券発行による発行収入金が発生しないため、発行時点では新規の財政赤字（新規の国債発行額）には含まれない。財政赤字にカウントされるのは、交付国債の交付を受けた者が、政府に対して償還を求めるタイミングである。

　財務省によると、戦没者等の遺族に対して弔慰金、給付金などの金銭に代えて交付する国債（交付国債）が発行されている。このほか、IMFなど日本が加盟する国際機関[4]や、日本政策投資銀行や原子力損害賠償・廃炉等支援機構に対しても発行実績がある。日銀が

ＥＴＦを基金に渡し、基金から交付国債を日銀が受け取ることで対応するというスキームも識者から指摘されている。

ＥＴＦの処理方法の全体的なスキームについて、海外事例をみると、香港が参考になる。香港は１９９０年代後半の通貨危機の際、投機筋の仕掛けに対し、香港株式を買い入れることで対抗した。買い入れ額は香港株の時価総額の約６％と、現在日銀がＥＴＦで保有する約７％とほぼ同規模であった。香港の出口戦略では、ＥＴＦを組成して国民に割引価格で販売すると同時に、長期保有ボーナスとして買い入れ1年後と2年後に合計プラス12％分のＥＴＦが追加割当するというものであり、これによって、人々が購入に向けて前向きになるだけでなく、短期売買が起きにくいことを狙った。こうした工夫により、香港ハンセン指数は堅調に推移しており、市場に大きなインパクトを与えることなく、順調に政府保有を減らした。市中売却の方法として研究すべき事例といえる。

ＥＴＦ購入が株価を押し上げている可能性

また、日銀のＥＴＦについてもう一つ考えるべき問題がある。それは日銀のＥＴＦ購入によって株価が人為的に押し上げられた可能性である。２０１７年時点とデータは古いが、当時のデータを用いて検証した当社の分析を紹介すると、２０１７年末時点の日経平均株価２万２７６５円のうち、約1900円がETF買い入れ政策によって押し上げられているという結果が得られた。ETF買い入れ開始時点からみると、この間に株価は1万2448円上昇したが、1900円の押し上げ効果はその約15％に相当する。特に、買い入れ規模が増額された2016年後半以降、押し上げ効果が拡大していた。今や日銀ETFの時価総額は東証プライム全体の7％を占める「大株主」になっている。株価を政策的に釣り上げてきたことへの反省も重要となろう。

また、コーポレートガバナンス上の問題も指摘できる。第一に、個々の企業の収益最大化を求める主体がいないことである。ETFを介して投資を行う場合、議決権は日銀ではなく、ETF組成会社が行使することになる。したがって、本来、企業経営をチェックすべき主体はETF組成会社にある。しかし、ETF組成会社は株価指数の変動に連動させることが目的であるため、経営状況のチェックにコストをかける必要はない。この結果、ETF組成会社による持ち分が増えるほど、議決権行使に関心が薄い「物言わぬ株主」が増えることになる。第二に、投資先企業数が多くなりすぎて、実務上からも企業経営をチェックできなくなることである。例えば、日銀がTOPIXに連動したETFを購入した場合には、ETF運用会社が議決権を行使すべき企業は2000社を超える。ETF運用会社がそれだけの規模の企業数を定期的にチェックすることは難しい。そのため、企業経営を深く分析することなく、単なる収益の増減に対する評価といった機械的な議決権の行使が行われざるを得なくなる。以上のように、日銀がETF買い入れを通じて間接的に個別企業の株式を保有するようになると、コーポレートガバナンス上の問題を深刻化させることになる。

4 金利の長期的均衡水準はどれくらいか

人口減少は大きな課題

適正な金利水準は、短期的にはその時点の経済ショックなどを反映するため変動幅は大きくなるが、長期的な平均水準としては、その国の成長力などによって一定の値をとると考えられる。一般的に、それを自然利子率といい、それは実際の生産量が潜在的な生産量に一致するときの実質金利を指す。

実質金利が自然利子率を上回ると、実際の生産量が潜在的な生産力を下回るため、経済にデフレ圧力が生じる。一方、実質金利が自然利子率を下回ると、実際の生産量が潜在的な生産量を上回るため、経済にインフレ圧力が生じる。したがって、自然利子率とは、経済・物価に対して引き締め的にも緩和的でもない状態をもたらす金利といえる。

この自然利子率に物価上昇率を加えたものを中立金利と呼ぶ。自然利子率および中立金利は技術進歩、人口動態、生活スタイルで変動していくものであり、各国で大きく異なる。

わが国においては、日銀の政策目標の物価上昇率は2％である。一方で、自然利子率は0％近辺といわれている。実際、内田眞一日銀副総裁は「わが国における過去25年間の物価変動」（日本銀行金融研究所主催2024年国際コンファランス、2024年5月27日）の資料のなかで、わが国の自然利子率は様々な手法をみても、▲1・0〜＋0・5と示した。仮にこの数字をそのまま当てはめると、長期的な中立金利は1〜2・5％と計算される。自然利子率がマイナスという試算もあるが、日本としては最低限、生産性を上げるなどで、ゼロ近辺には持っていく努力が必要だろう。そう考えると、2〜3％が一つの目安といえる。ただし、7月31日の政策金利の0・25％への引き上げ後、株価が乱高下したが、日銀はそれを踏まえて、利上げペースを緩やかなものとすると考えられる。そのため、この水準に到達するには4〜5年程度はかかり、28年ごろに実質金利はプラスになると見られる。

さて、自然利子率や中立金利に関する議論で一番考えなければいけない要素は少子高齢化である。実際、元日銀総裁の白川氏も少子高齢化の影響が経済に与える影響は非常に大きいとしている。イノベーションなどは基本的に若い人材がもたらすことが多いと予想され、少子化にストップをかけることが中立金利を良い意味で上げるためには重要になる。そしてこの問題は日本だけでなく世界的な問題となっている。

一般的に所得が増えるほど出生率は下がっていく。低所得国では乳幼児死亡率等が高いため、基本的には多産多死となり、出生率は高くなる。しかしながら経済が発展していくと多産の必要性はなくなり、出生率は低下する。また、経済発展と同時に女性に過度に出産を期待することもなくなること、女性の高学歴化・社会進出による出産年齢の高齢化も出生率低下要因となる。

もっとも、かつては、出生率は所得水準が一定値を超えると、子どもを追加で持つことのできる経済的な余裕が生まれるほか、育児や保育に関する公的サービスも充実するため、仕事と育児の両立が進めやすくなり、再び出生率が上昇するV字カーブを描くと考えられていた。

しかしながら、最近の傾向としては一人当たりのGDPが3万ドルを超えると出生率が1・5に収束する傾向がある。またこれまで高出生率を誇ってきた、ヨーロッパ諸国も近年は2を切る状況になっており、OECD平均は1・5程度になっている。出生率が2を超えるのは中絶を禁止している一部の宗教の信徒しかないとまでいう人口学者もいる。これらをみると、世界の人口は我々が考えるよりも早くピークアウトして、世界的な成長率・金利低下が発生する可能性がある。

長期停滞を考える

また、中立金利を議論する際に重要な論点がある。それは長期停滞論である。長期停滞論は、もともとは1938年の米国経済学会の会長講演でアルヴィン・ハンセンが提起した議論で、世界恐慌後に、経済が長期停滞に陥るのではないか、という懸念を表明したものである。それを2013年にローレンス・サマーズが引用し、今日の世界経済についての懸念として再提起している。長期停滞を引き起こす理由として、多くの識者は人口減少を指摘している。具体的には、欧米の経済学者の長期停滞モデルでは、人口の減少が長期停滞の要因となり得ることが示されている。

なお、長期停滞論にはサプライ（供給）サイドからみていくものと、デマンド（需要）サイドからみていくものがある。サプライサイドからみるものとしてはゴードンの研究がある。ゴードンは20世紀末から進行している情報通信技術の革命（第三次産業革命）を、これまでの第一次産業革命（内燃機関の発明、機械化等）、第二次産業革命（電気の発明、重化学工業化等）と比較した。

そしてゴードンによれば、情報通信革命は過去二回の産業革命に比べて人間の生活水準の向上に資する程度が小さく、相対的に小さな経済成長しか生み出さないとしている。過去の産業革命で普及した上水道や航空機などの利便性や革新性と、情報通信革命で広がったインターネットの利便性を比べ、どちらの方が人間の生活に重要かとした場合、明らかに上水道や航空機の方が画期的であるとした。つまり、第一次・第二次産業革命が達成した事柄に比べて、情報通信技術（第三次産業革命）が達成しつつあることは、些末《さまつ》なことであり、経済の本質的な成長に寄与しないと提起したのである。

デマンドサイドではまさにサマーズの議論になる。サマーズは、人口減少や金融危機による金融機関の貸出態度の厳格化などの構造問題は、経済の総需要を長期的に収縮していくことに作用するとしている。

また、長期停滞論とはやや異なるが、政府債務が成長性を阻害するというものもある。カルメン・ラインハート、ヴィンセント・ラインハートとケネス・ロゴフは、先進国26カ国の財政エピソードを調べ、公的債務がＧＤＰの90％を超えると、経済成長率が１％ほど低下するという分析を公表した。ラインハートたちは、公的債務が一定の限界を超えると経済成長率を悪化させる現象を「パブリック・デット・オーバーハング」と呼んでいる。

また、経済的なショックも成長性を下げるという議論もある。例えば、大戦争、大恐慌など、発生確率は小さいが発生すると大損害を与える出来事は、現在の経済を悪化させるというディザスターモデルを使って、金融危機後の米国経済の落ち込みを説明する経済学者も存在する。具体的には、２００８年のリーマンショックの経験によって、市場参加者の将来予測が質的に変化したと論じた。つまり、リーマンショック以前は、「米国で金融危機が起きる可能性は、各国の中央銀行などの当局がきちんと対応するため、システミックリスクはコントロールされており、ほぼゼロ」と市場参加者が信じていたのに対し、リーマンショック後は、「米国で金融危機が起きる可能性はわずかだがプラスの値である」「リーマンブラザースという巨大な証券会社ですら破綻する可能性が存在する」と信じるようになった。この金融危機の確率がゼロからわずかなプラスに転じたという小さな変化が、人々の行動を大きく変え、GDPを押し下げたという議論である。

コロナ禍で各国政府の財政状況は悪化している。また、パンデミックによる経済急減速も人々の予想に大きな変化をもたらしている可能性もある。世界的な過剰債務問題や、人々の予想の変化が世界的に中立金利を押し下げてしまうことがないか、きちんとみていく必要があろう。

5 良い金利上昇、悪い金利上昇

それでは金利上昇は悪いことなのであろうか。結論をいえば、良い金利上昇は国民経済にとって望ましいことである。一般的に、良い金利上昇と悪い金利上昇があるといわれている。良い金利上昇とは、景気回復が見込めるなか、雇用・賃金環境も改善し、株価も上昇して、設備投資などが活発化し、資金需要が増える、などの結果で発生する金利上昇が該当する。具体的なケースとしては以下のようなものが考えられる。

① 景気が良く株価上昇局面にあるなか、債券が売られ、その資金が株式市場に流れて、株価

図表7　良い金利上昇・悪い金利上昇

良い金利上昇	悪い金利上昇
●景気拡大と株価上昇により、成長期待が生まれ金利が上昇 ●景気拡大を背景に設備投資などが拡大、資金需要増加から金利上昇 ●景気拡大によって賃金も上がるが、生産性上昇も同時に起きているため、インフレもマイルドなものであり、緩やかに金利が上昇	●放漫財政を理由とした国債の信認低下 ●流動性の低下等の金融危機による金利の高騰 ●通貨安による輸入インフレ ●地政学リスクなどによる資源インフレ

（資料）日本総合研究所作成

上昇とマイルドな金利上昇が発生するケース

②　景気回復を背景に設備投資などが盛んになり、資金需要が増えるために金利が上昇するケース

③　景気拡大によって賃金も上がるが、生産性上昇も同時に起こっているため、インフレ期待もマイルドであり、緩やかに金利が上昇

一方、悪い金利上昇とは、例えば、財政が拡大し、国債価値が下落する恐れがある、あるいは、景気の過熱によってインフレ率が急伸し、それを抑制するために中央銀行が引き締め政策をとる、などの場合での金利上昇が該当する。具体的には以下のケースが存在する。

①　放漫財政などを背景に財政不安から国債の信任が低下して、国債の価値が損なわれるリスクが高まるなか、投資家が国債を売却することにより金利が上昇するケース

② 流動性の低下、金融危機などによる投資家のリスク回避傾向などから株安、債券安となり金利が上昇するケース

③ 国際競争力が低下するなか、通貨安が生じて輸入インフレが発生するケース

④ 地政学リスクの高まりなどから資源価格が上昇して輸入インフレが発生するケース

などが考えられる。わが国の現在の状況は、通貨安などを背景に輸入インフレが発生している状況であり、悪い金利上昇が発生するリスクが高まっている状況といえる。

6 金利の歴史から教訓を探る

さて、我々は歴史的にイレギュラーなマイナス金利時代が終わり、やっとノーマルな金利のある時代に戻ってきた。そこで歴史的な観点から金利というものを考えてみたい。

金利の歴史については、ホーマーとシラーの『金利の歴史』と言う書籍がある。これは5000年にわたる膨大なデータを集積し、金利について包括的に考えた書籍である。

もちろん、この著者自身が著書で断っているように、過去のデータの信頼性の問題もあるし、現代との連続性もある。そのため必ずしもすぐに現代に応用できると言うものではないが一つの

補助線として十分に考えられる本と考えられる。またこの本をベースにした平山賢一氏の『金利史観』という書籍もある。こうした長期的な目線を踏まえて私がどのように考えているかを述べていきたい。

まず一つは歴史的に見て、金利はどこまで上がるかという問題である。この５０００年間の歴史を見てみて、長期金利が３％を下回ると言う時期は枚挙に暇がない。16世紀後半から17世紀初頭にかけてのイタリア、17世紀から18世紀にかけてのオランダ、18世紀中ごろの英国、19世紀後半の英国、20世紀中ごろの米国など、かなり長期にわたって、金利が３％水準で推移している。つまり１９７０年から80年代のハイパーインフレに伴う高金利と言うのは必ずしも状態化すると言うものではないと言える。その意味では安心材料といえるのであるが、一方で３％程度まで上がると言うのは否定できないようだ。わが国の金利も2〜３％まで上がることはある程度覚悟しておいた方が良いと考えられる。

次に金利の変動性である。長期的に見ると、金利は安定的に推移している時期が一般的である。一方で、何らかのショックがあると、一時的な急騰があることは、歴史的によく見られる現象である。したがって長期的には３％程度で動いたとしても、一時的なショックが与えられた場合には、当然ながらそれを越えて急騰していくことも考えられる。つまり、政策当局としては一時的な金利スパイクが起きたときに、それを長期化させないための準備を平時からしておくことが重要ということになろう。

また、金利を考える際には、人々が国や中央銀行に対してどれほど信頼しているかというクレディビリティ（信認）が重要になる。一般的に、国家の信用は民間よりも高いが、実はこれは最近の現象である。国家の信用度は、かつては王族に対しての貸付金利であったが、各国が戦争を多く繰り返すなか、国に対する貸し付けと言うのは、必ずしも信用度が高いと言われたわけではない。実際当時は「税収よりも大きい戦費」と言う構造があり、国王が負債を放棄する事件も頻発した。そのため、商人の間での貸し借りの方が金利が低いという事は世界的に多くあった。

わが国でも、江戸時代、大名貸しが破綻するということは珍しくなかった。国の方が民間より信用度が高いと言うのは、近代になって生まれた新たな常識であり、歴史的に見ればつい最近の出来事と言える。

また、イールドカーブの形についても、短期金利が長期金利よりも低い順イールドと言うのは必ずしも必然ではない。確かに一般的にイールドカーブは順イールドで考える。実際、証券アナリストのテキストや大学のファイナンス授業でも、基本的には順イールドで様々な計算問題を解いてきた記憶がある。

しかしながら、私のエコノミスト人生を振り返っても、欧米などでは逆イールドは時折発生している。特に最近は米国に至っては逆イールド状態が長期化している。そして逆イールドになれば景気後退するといわれていたが、この数年は、逆イールドが続いているにもかかわらず、米国経済の堅調さが目立っている。

さて、歴史的に見ていくと、例えば英国では18世紀以降の300年間で平均的に順イールドであったのは3分の1以下の頻度であり、20世紀以降は、2分の1の頻度を下回ると言う分析がある。

そして、この順イールド・逆イールド問題と言うのは意外に影響度が大きい。なぜならば、多くの債券ファンドや金融機関はこのイールドカーブの形によって収益が左右されるからである。イールドカーブの形状をうまく予測できないことで、破綻に追い込まれるところも出てくるだろう。また、足元では、変動金利の方が金利が低いとして変動金利で住宅ローンを組んでいる消費者も多いが、その想定が崩れるリスクがあることも歴史は警告している。

最後は国民性である。貯蓄性の高い国民性は、政府債務の増加による長期金利の上昇の抑制要因となる可能性がある。例えばオランダでは金融覇権が衰退しても、なお最低金利で資金調達できる政府として1世紀もその地位を保持したが、平山氏によると次の条件がオランダにあったからだとしている。具体的には、消費よりも貯蓄を好む性質、通商による膨大な利益獲得、政治と経済が融合し官民一体となった政策運営である。

これは日本にとっても非常に示唆に富む話である。確かに日本人は貯蓄が好きな国民であり、その傾向は海外に比べても強いが、高齢化によって高齢者が貯蓄を取り崩し始めるなか、国民の貯蓄好きに今後も頼れるわけではない。そのためには、成長戦略で外貨を稼ぐ力を高めると同時に、現在の経済大国としての地位を維持しつつ政府と日銀が連携して、経済政策運営を行い、市場の構造を考えた適切な国債発行政策を行うことで、金利高騰を抑制していくという努力が必要になっていくだろう。

この章のまとめ

▼日銀はマイナス金利を解除したほか、ＹＣＣの修正やオーバーシュート型コミットメントの廃止など正常化に向けて大きく歩みを進めた。物価も上昇し、世界各国が正常化に向かうなか、方向としては正しいと考えられる。

▼一方で、積み残しの課題がある。一つはＹＣＣを本当の意味で卒業できるかである。現在は買い入れ金額も一定程度存在しており、本来であれば、マイナス金利を解除して正常化に踏み出したのであれば、長期国債買入はすべて停止するはずであるが、そこまで至っていない。次の課題は日銀が抱える巨額のＥＴＦの処理である。70兆円にも及ぶＥＴＦを市場にインパクトを与えずに売却できるかが日銀だけでなく、金融市場の安定性にとっても喫緊の課題となってい

る。

▼わが国の長期的な中立金利は、自然利子率などから考えて2～3％前後になると考えられる。もっとも、中立金利は人口動態や技術などの動向に左右されるため、構造的な分析が必要となる。

▼金利上昇には生産性上昇や景気拡大といった良い金利上昇と、輸入インフレなどの供給ショックや財政悪化懸念等を原因とした悪い金利上昇がある。世界では長期停滞論が議論されている。その意味では、良い金利上昇が起きにくくなっている可能性がある。実際、わが国の長期金利の上昇は輸入インフレによる悪い物価上昇と、財政悪化懸念による「悪い金利上昇」である可能性が高い。

1．2001年まで置かれていた大蔵省（現財務省）の組織。郵便貯金や各種特別会計の準備金及び余裕金を資金運用部資金として統合管理し、その運用を図る政府組織であったが、2001年4月廃止となり、その事業は財政融資資金に引き継がれた。

2．金融工学的手法でシステミックリスクを顕在化させることは日本の債券市場だけでなく、世界的にある。例えば、1987年のブラックマンデーは、当時急速に導入された新技術投資手法「ポートフォリオインシュアランス」が原因であった。「ポートフォリオインシュアランス」では、株価の暴落は自動的に損切りの指図を行うので、下落に歯止めがかからなくなっていた。詳しくは当時のブレディ財務長官による「ブレディ報告」に詳しい。

3．狭義の交付国債は、2021年度末までに47種類の国債が発行され、その当初来の発行件数は1960万件、発行金額は4兆4267億円。なお、2021年度末の現在額は1511億円。

4．出資・拠出国債といわれる交付国債の一種であり、わが国が国際機関へ加盟する際に、出資または拠出する現金に代えて、その全部または一部を払い込むために発行される。いずれも無利子、譲渡禁止、要求払い。2021年度末現在、我が国の出資・拠出国債の発行実績は、国際通貨基金（IMF）など13機関で19銘柄。

第3章

金融政策の効果はいつ顕在化するのか

1　金融政策のタイムラグ

さて、金利がある世界に突入したわけであるが、長期的には注意すべき点があるものの、当面その影響は小さいとみている。その理由としては、①金融政策の顕在化には時間がかかる、②実質金利は依然としてマイナス、③金利への耐久力の向上というものがある。

まず金融政策の顕在化はすぐに明確になるものではない。実際、植田総裁が日銀総裁に就任する際、国会でも次のような発言をしている。

「これは所信でも少し申し上げましたけれども、金融政策は効果を発現するのに時間を要します。アカデミックな分析では、短くて半年、長くて2、3年かかるというふうに標準的なところとして言われてございます。したがって、物価、インフレ率の先行きの見通しに基づいて運営されなくてはならないというふうに考えております」〈衆議院日本銀行総裁任命につき同意を求めるの件〈2023年2月24日〉植田参考人の発言〈抜粋〉〉

ここで言うアカデミックの分析というのは、計量分析的な様々なモデルのことを示していると考えられる。例えば、一つの手法としては時系列モデルがあげられる。これについても様々な手

図表8　金融政策のタイムラグのイメージ

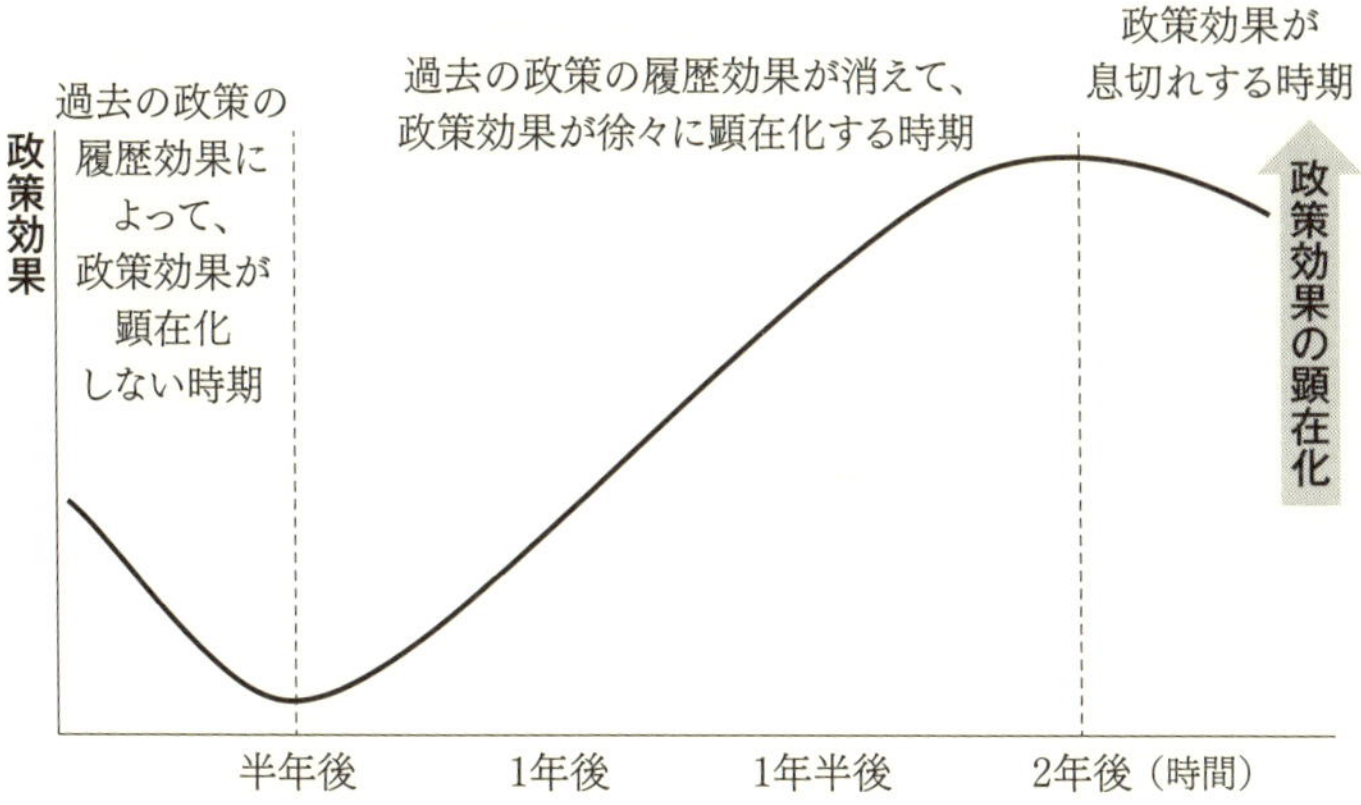

（資料）日本総合研究所作成

法があるが、一つはVAR[1]というモデルがあり、これを参考に説明したい。一般的に、このモデルで金利変動とマクロ経済指標の関係を分析すると、一般的に金利が変動した場合、半年間程度は過去の政策の履歴効果が大きく、足元の効果はなかなか顕在化しない。むしろ想定したのと逆の結果になることもおかしくはない。そして半年ほど経ってくると過去の政策の履歴効果がだんだん薄まり、やっと今回の政策変更の効果が顕在化していく。当然ながらこの政策変更の効果も永遠ではない。だいたい2年程度経ってくるとそれが剝落《はくらく》していく（図表8）。

もう一つが実質金利で見るか名目金利で見るかという話である。まずわが国では名目金利はプラスになったが、依然として消費者物価上昇率は2%を超える状況が続いている。そうなってくる

図表9　日米欧の実質政策金利

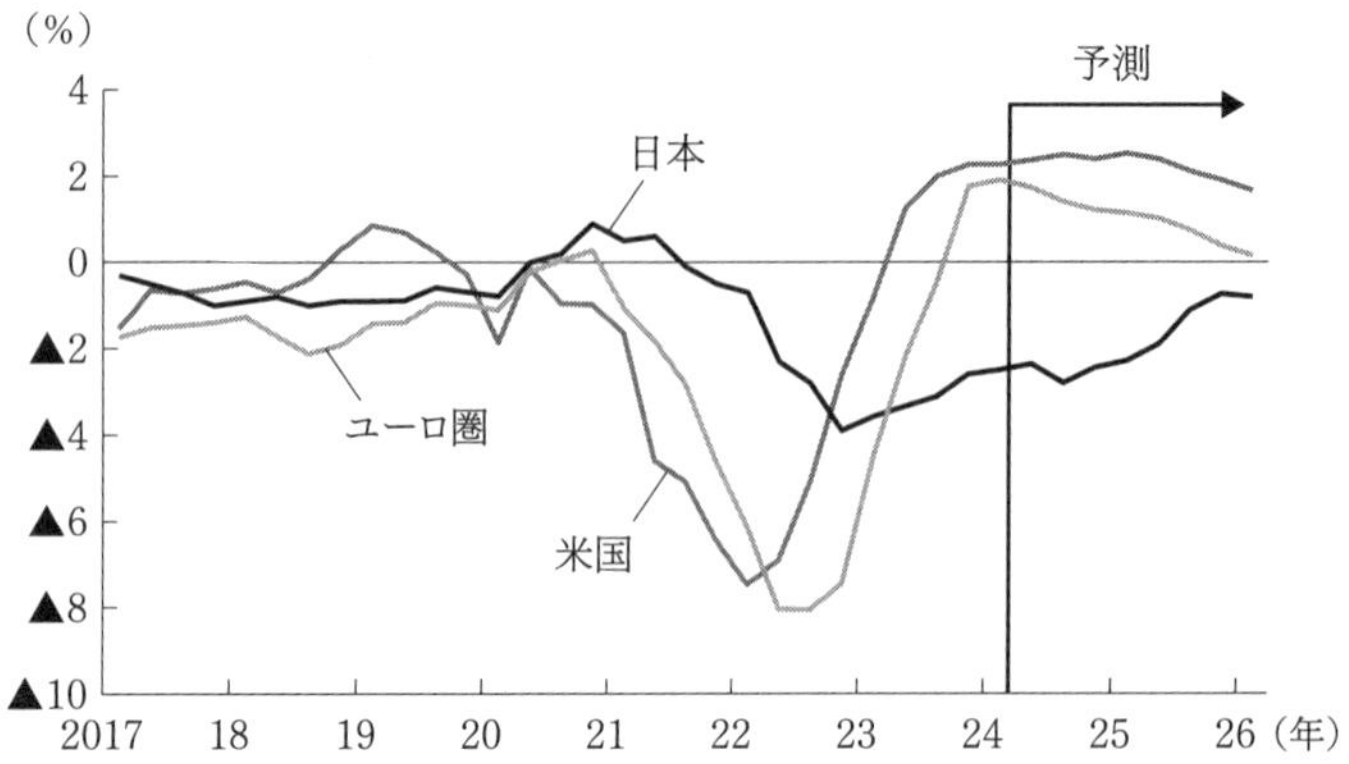

（資料）FRB、BLS、総務省、日本銀行、Eurostat、ECBを基に日本総合研究所作成
（注）実質政策金利＝政策金利－インフレ率。

と、物価上昇率を差し引いた、実質金利はマイナスとなっている。

　つまり金利を引き上げたとしても、インフレ分がその影響を減らしていくといった状況になる。日本総合研究所では半年に0・25%程度の利上げをすると見ている。そうなれば、物価上昇率が2%前後で推移するとなれば、その水準に達するのは28年ごろとなる。欧米ではすでに実質金利がプラスになっており、その効果が出てきているが、日本では、実質政策金利のマイナス幅は縮小傾向にあるものの、当面はマイナスであると見込まれる（図表9）。

　最後に、企業や家計は金利への耐久度が上がっていると言える。基本的に企業部門とも家計部門とも貯蓄超過セクターであり、金利が上がるとプラスの効果が大きくなる。しかしながら、金利によってプラスの影響を受ける部門とそうでない部門は、詳細に見ると分かれていく。その辺については後述したい。

2　米国の利上げはなぜうまくいっているのか

固定金利調達がうまくいったケースも

エコノミストの間では、米国の金利引き上げが急激であったため、2023年は米国経済は大幅に減速するといわれていた。しかしながら、本書執筆時点においては、スローダウンはしているものの、総じてみれば堅調に推移している。この原因は何であろうか。

一つは、IT部門の好調が指摘できる。マグニフィセントセブンなど優良IT銘柄の株価は好調であり、これが株高や設備投資の堅調につながっているといえる。例えば、メタは24年に予想される設備投資額を300億〜370億ドルから350億〜400億ドルに引き上げ、2025年も設備投資額は増えるとしている。アルファベットやマイクロソフトも2024年第1四半期の設備投資を前年同期比で約80〜90%増加としている。生成AIへの関心が高まるなか、AIに強みを持つ米国企業の設備投資が拡大しており、それが景気を刺激している。金利が上がっても、将来に対して強気であることが、金利上昇に負けないで設備投資が拡大している要因と言えよう。

もう一つの理由としては、これまで企業への利上げ効果が浸透しなかったことがあげられる。当社の立石宗一郎研究員は企業の社債借入という観点から分析を行っている。

これによると、政策金利が大幅に引き上げられているにもかかわらず、2023年のネットベースでみた利払い額は前年から3割減少している。この背景として、利上げ後に金利収入が急増したほか、コロナ流行直後の低金利局面で、企業が固定金利での調達を増やし、借入金利上昇による返済負担の急増を回避したことが指摘可能である。固定金利型の債務が全体に占める割合は85%に達しており、コロナ前から5%ポイント上昇している。つまり、企業部門の機動的な財務運営がうまくいったことがいえるであろう。

しかしながら、こうした長期債への切り替えの効果は永遠ではなく、今後は利上げによる景気下押し効果が企業部門にも波及していくと考えられる。2024年以降、多くの企業で社債の満期が到来する。具体的には、2024年に満期を迎える社債は約6000億ドル（90兆円）と2023年（2000億ドル）から急増する。さらに、2026年には1兆ドル（150兆円）近くに達する。社債の借り換えで、利上げ前の金利から現在の高金利が適用されることで、企業の調達コストは上昇する。そして借り換え企業の社債金利が3%程度上昇する可能性を踏まえると、利払い負担は2024～26年の3年間で1000億ドル（15兆円）増加する計算となる。

利払い負担の増加はキャッシュフローの減少などを通じて設備投資を押し下げる恐れがある。先ほどの試算をベースにすると、利払い負担の増加により設備投資は年率で▲0・2〜▲0・3%押し下げられる可能性がある。仮に、利払い負担の増加で企業収益が悪化する場合、格下げなどを通じて、利払い負担の一段の増加や借り換え額の縮小を余儀なくされ、設備投資の下押し圧力は一段と強まる点に注意が必要である。

個別行が破綻もシステミックリスクには至らず

もっとも、金利引き上げで米国が無傷であったわけではない。金利上昇をトリガーとした金融機関の破綻もみられた。例えば、シリコンバレーバンク（ＳＶＢ）、シグネチャーバンク、ファースト・リパブリックバンク（ＦＲＣ）が相次いで経営破綻した。

もちろん、この破綻は金利上昇だけが理由ではないが、トリガーとなったのも事実である。そこで、こうした中堅銀行が破綻した理由について、米国当局は分析を行っている。そして当社の谷口栄治主任研究員はそこから教訓を導き出している。これらを踏まえて、金利上昇局面における金融機関経営の教訓を探りたい。

まず、破綻した理由として注目すべきポイントは、破綻行のビジネスモデルとガバナンス・内部管理体制に問題があったことである。谷口氏は具体的には次の指摘をしている。

①　ＳＶＢの場合であれば、スタートアップ企業やベンチャーキャピタル（ＶＣ）、シグネチャーバンクであれば、暗号資産事業者など、偏った顧客層に依存するビジネスモデルであったこと。景気が良い時であれば顧客層を絞ることは効率性を高めるが、環境変化が激しいときにはリスクヘッジができないものであったこと。

②　他銀行対比、預金保険対象外の預金（非付保預金）の割合が高く、取り付け騒ぎが生じやすい調達構造となっていたこと。非付保預金は大口預金などが多く、効率よく預金の積み上げができるが、非付保なため解約されやすく、解約されると巨額の資金流出となってしまう。

③　流動性や金利上昇等のリスクの検証が十分でなく、金利上昇に伴い保有債券に多額の含み損を計上したこと。満期保有のつもりが、資金確保の必要性やロスカットなどに該当したときは損失が発生しても売却を迫られてしまうこと。

実際、ＳＶＢは、スタートアップやＶＣからの大口預金の割合が高く流動性リスクを抱えていた一方、調達した資金を満期保有目的債券で運用するなど、金利上昇に脆弱《ぜいじゃく》なバランスシートの構造となっていた。結局、預金の引き出しが急増するなか、含み損を抱えた保有債券の売却を余儀なくされ、最終的に取り付け騒ぎが発生し、破綻に至った。資金流出に直面すれば、満期保有で価格変動リスクを回避することができないといった例ともいえる。また、ビジネスモデルの問題点に加えて、業容が急拡大する一方で、リスク管理よりも短期的利益が優先されるなど、ガバナンスや内部管理体制に欠陥があったことなどが挙げられている。米国当局の報告書では、SVBにおいて、リスク管理責任者（CRO）も長らく不在であったなど、リスク管理やガバナンスに問題があったことも指摘している。

また、今回の銀行破綻の特徴の一つとして、デジタルバンクランとも称されるが、SNSを通じて様々な情報が拡散し、預金者の不安心理が増幅するなか、オンライン取引において、急激に預金流出が発生するなど、危機が波及するスピードが段違いに速まったことが挙げられている。実際、2023年5月に実施された米国議会の公聴会では、破綻した銀行の旧経営陣から、「噂と誤解がインターネット上で急速に広がり、前例のない取り付け騒ぎが起きた」「(今回のような)前例のない速さと規模の取り付け騒ぎに耐えられる銀行があると思えない」といった発言が聞かれた。ソーシャルメディアやモバイルバンキングの普及により、取り付け騒ぎのスピードが速まったことはこれまでとは違う変化である。

このように金利の上昇は、その国の金融セクターの弱い部分や課題を露わにする。一方で、個別銀行の破綻は発生したものの、システミックリスクまでには至っていない。その意味では総じてコントロールできているともいえる。個別行の破綻を回避することはできないものの、事前に制度などをしっかり作っておけば、システミックリスクを回避できるというのが米国からの示唆であろう。

3 当面の世界経済〜メインはインフレ沈静化

日本の金利の先行きを展望するうえで、世界経済の動向をみることが重要である。そこで、当面の世界経済について言及したい。

まず、先行きの世界経済は回復する見通しである。世界全体の経済成長率は2025年にかけて3%台で推移すると見込んでいる。なお、世界経済は3%が好不況の分かれ目といわれている。それは世界の人口成長率や生産性を考えると、3%前後が潜在成長率とみられているからである。実際、3%を上回ると、失業率が改善するほか、景気への波及効果の大きい自動車産業の生産が増える。世界の旅行収入も前年比プラスになるなど、サービス業も拡大に転じる。

各国別にみてみる。米国経済は、2023年から2024年にかけて2・5%前後の高い成長を記録した後、2025年は1・5〜2・0%で推移する見通しである。一方、これまで弱かった欧州経済は、利下げの影響の顕在化から成長率を高める見通しである。

中国では、政府が5%の成長目標を掲げているが、不動産不況や雇用不安などの問題が長引き、4%台の成長にとどまるとみる。アジア諸国では2024年に成長率が高まった後、米中経済の減速を受けて、2025年の成長率はやや低下すると想定している。ベトナムやマレーシアなどでは、中国からの生産移管が景気を押し上げると予想する。

こうした景気環境のもと、インフレは世界的に沈静化に向かうと見込む。2025年のインフレ率は、米国、欧州、日本でいずれも2%前後へ低下すると予想する。これを受けて世界的に利下げが進むとみている。ユーロ圏では、ECBが24年6月に利下げに転じたが、2025年末にかけて政策金利を2%台前半まで引き下げる可能性が大きい。米国では2024年秋口に利下げが開始され、2025年末には3%台後半まで引き下げると予想する。一方、日本では2%インフレが定着に向かうもとで、政策金利は2025年度末に0・75%と緩やかに引き上げられると予想する。このメインシナリオのもとでは日本の利上げはマイルドなものとなる。日本については後述する。

つまり、2020年代の世界の主要国の金利は物価が2%前後に落ち着くなか、金利も中立水準に向けて徐々に修正されるというのが当社のメインシナリオである。つまり、世界経済は、好調とまではいえなくても、安定的に推移するという状態になる。そして第2章の「6 金利の歴史から教訓を探る」でみた通り、先進国の金利は、歴史的にみた長期的な傾向（3%を大きく上回らない）に収れんしていくとみられる。

4 インフレの上振れが世界経済の最大のリスク

一方で、世界経済を揺るがすリスクも存在する。それは米国のインフレである。米国では、政府による産業支援策、企業による雇用確保、家計の資産効果といった動きは今後も継続する可能性があり、需要の強さが長引く可能性がある。米国の求人倍率（失業者一人当たりの求人件数）は低下するなど、労働需給は緩和しており、賃金の騰勢も鈍化している。今後、標準シナリオに沿って経済成長率が年率2％前後で推移する場合、求人倍率は引き続き低下し、賃金や物価の伸びも鈍化する見通しである。もっとも、需要の上振れで成長率が年率3％で推移する場合、求人倍率は上昇に転じ、労働需給がひっ迫すると試算される。これが2025年末にかけて続く場合、賃金の伸びは加速し、インフレ率は前年比4％近くへと上昇する計算になる。これを受けて政策金利は2025年末に6・5％へと引き上げられる恐れがある。

また、資源価格の高騰がインフレを再燃させるリスクも注意が必要である。中東やウクライナ情勢を巡る地政学リスクへの警戒や、産油国の供給抑制が原油価格を押し上げる懸念がある。ガソリン需要の旺盛な米国では、ガソリン価格の上昇が家計の期待インフレに及ぼす影響は大きい。

そうなれば賃上げ要求などに波及する恐れもある。その場合、インフレが加速して金利が一層上がる可能性がある。また、住居費の高止まりがインフレ沈静化を阻害するリスクもある。住宅ローン金利の上昇を受けて住宅取得をあきらめる家計が増加している。この結果、賃貸需要は強まる状況であり、供給不足を受けて住宅価格は上昇している。

米国で政策金利が大幅に引き上げられると、景気は大きな下押し圧力を受ける。この影響は世界に波及し、各国で通貨が下落するほか、金利も上昇する。通貨安でインフレが再燃する国が増加する可能性がある。対外収支基盤が脆弱な新興国では多額の資本が流出するか、資本流出を避けるために大幅な利上げに踏み切るなど、経済・金融が不安定化するリスクもある。先進国でも、米国の金利上昇が各国の金利を押し上げうる。欧州では、一部の国で財政再建が遅れており、フランスでは2024年5月に国債の格付けが引き下げられたほか、6月には極右候補の台頭が懸念され、長期金利が急騰した。また、新興国では景気刺激のために利下げをしたいものの、米国の利下げが実施されないため、利下げに踏み切れない国も存在している。米国のインフレ再燃が各国の金利上昇に拍車をかける可能性に注意を要する。

このようにみると、世界経済は2000年以降の「インフレ・金利が中銀等の政策によってコントロールされた世界」から「高インフレ・高金利リスクに脅かされる世界」に移っているといえる。こうした世界経済の変化によって、日本も「金利のある世界」だけでなく、高インフレ・

高金利リスクを考える必要がある。

5 当面の日本経済～金利はどう動くのか

前述のようなメインシナリオ、つまり世界経済が3％のマイルドな成長というトレンドの下では、先行きの日本経済は内需主導で緩やかに回復する見通しである。賃金と家計部門では、所得環境の改善や株高の資産効果などを背景に、個人消費が持ち直す見通しである。人手不足の深刻化や、各企業の収益力強化、省力化に向けた取り組みなどを通じた労働生産性の高まりなどを受けて、賃金の伸びは拡大が続く見込みである。

実質賃金の伸びは、2024年9月ごろ以降、安定的にプラスが定着すると予想している。そして、企業部門では、高水準の収益が支えとなり、将来を見据えた前向きな設備投資が増加する見込みである。脱炭素やDX、人手不足対応など、企業の課題解決に向けた取り組みが今後のけん引役となろう。物価の好循環が定着するなかで、日本銀行は段階的な利上げを進める見込みである。

一方で、再びデフレに戻るリスクはないのであろうか。筆者はそれは小さいとみている。その理由は人手不足である。当社の予測では、労働需給は引き締まる方向である。失業率は２０２４年度に２・５％、25年度に２・３％と、低下基調が続く見通しである。景気回復に伴い労働需要の増加が見込まれる一方、女性や高齢者などの就労希望者は減少しており、追加的な労働供給の拡大余地は縮小している。わが国は世界的に見ても女性・高齢者の就業率は高い方だが、外国人労働者比率は高くはない。外国人労働者については、今や世界中で争奪戦となっており、全体的に賃金が高い国に流れる傾向があることを考えると、今や賃金が低い国になったわが国に来る人はそれほどいないと予想される。

こうしたなか、賃金上昇傾向は続くとみられる。24年の春闘賃上げ率は５％超と、33年ぶりの高い伸びになったが、それは好調な企業収益や物価上昇への配慮、人手不足感の強まりなどが背景にある。夏場にかけて、春闘で妥結された賃上げの適用が広がり、一般労働者の所定内給与を中心に賃金の伸びが高まることが予想される。そして、現在の労働供給が限られている状況にかんがみると、賃上げ率は２０２５年も高めの伸びを維持する可能性が高く、その年の春闘では４％台半ばの賃上げ率が実現すると予想している。また、過去の傾向をみるとインフレ局面では、労働需給や生産性の変動を賃金に反映する動きが強まる傾向がある。景気回復によって生産性が上昇した場合、その一部が労働者に還元されるとみられる。この場合は良いインフレともいえよう。

こうした状況下では、日銀の利上げペースもマイルドなものになると予測される。日本はこれから利上げをしていったとしても、しばらくは実質金利はマイナスであり、半年に0・25％程度利上げしたとしても、これが実質プラスとなるには、やはり4～5年かかるというのが我々の見立てである。そのため、メインシナリオとしては景気下振れはなく、安定的な成長を続けるとみている。

6 リスクは円安

新NISAが円安の要因に

一方で、引き締めペースが想定よりも早くなるリスクもある。それは円安である。一般的に高金利国は通貨高になる傾向があるが、今後は米国の利下げ、日本の利上げにより日米金利差は縮小すると見込まれ、メインシナリオとしては過度な円安は進行しないとみられる。もっとも、足元では新たな円安要因もあり、引き続き注意すべきリスクと考えられる。

まずは新しい少額投資非課税制度（新ＮＩＳＡ）の影響である。新ＮＩＳＡが２０２４年1月に開始され、従来の制度から年間投資枠が増大するほか、非課税保有期間が無期限となった。これは家計の資産形成促進と経済成長に必要な資金の供給拡大が目的である。新NISAの開始は、わが国の個人投資家の海外投資を増加させる公算が大きい。政府が2022年に策定した資産所得倍増プランでは、5年間で口座数や買付額を倍増させる目標を設定されたが、旧NISAによる買い付けの約6割は投資信託となっている。公募株式投資信託では、国内株式への投資比率（ETFを除く）は1割程度しかなく、海外の株式や債券などが多くを占める状況である。NISA口座の増加とともに、投資資金が海外資産にシフトしている。例えば、世界中の株式に低コストで投資することを宣伝文句にしている投資信託は急成長している。そしてこうした投資信託を運営しているアセットマネジメント会社は毎朝、複数の銀行に円売り・外貨買い注文を出しているが、それは最大1000億円を超える日もある。こうしたファンドは積立型であり、為替水準に関係なく機械的に円売りが入っている。

当然ながら、こうした海外への資金流出の増加は円安圧力となっている。一定の条件の下で試算すると、新NISA開始による国外へのネット買付額は、年0・7兆〜3・9兆円程度となる見込みである。これはドル円相場を、政府プラン最終年の2027年にかけて1〜6円弱、下押しする計算となる。海外の成長が続き、国内の成長が相対的に低いなかでは、この流れは変わらないとみられる。

もう一つの円安要因がある。それは「デジタル赤字」である。わが国で人々が使っているスマ

図表10　デジタル赤字

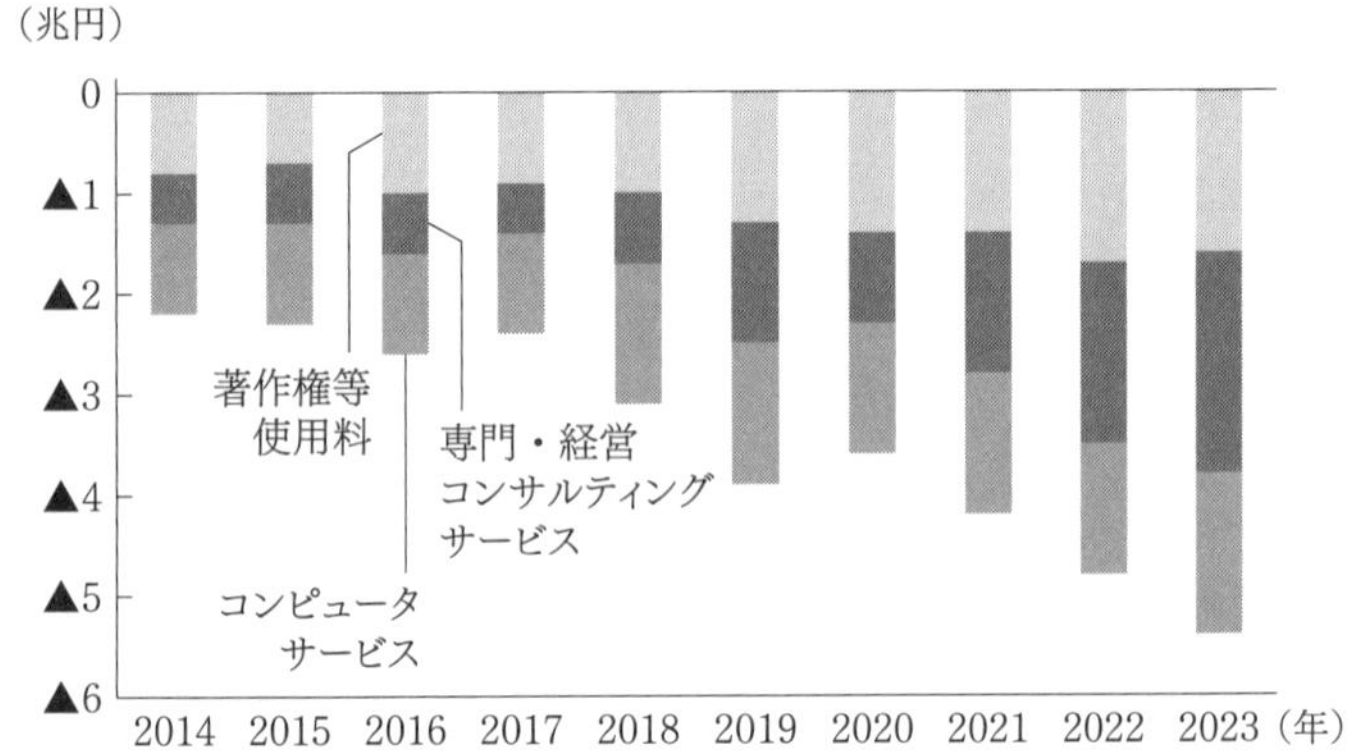

（備考）2023年度は速報値
（資料）財務省「国際収支から見た日本経済の課題と処方箋」懇談会報告書

ホなどのデジタルサービスはほとんど、米国のGAFAに代表される海外のIT大手が提供している。そのため、これらを使うほど、日本から米国へのサービスの支払いが膨らみ、サービス収支のデジタル赤字が膨らむ。10年間で倍になったといわれる。

先般、神田真人財務官が、2024年7月末の退任を前に、「国際収支から見た日本経済の課題と処方箋」と題した懇談会の報告書を公表したが、そのなかで、経常収支は25兆3390億円の黒字となり過去最大だが、貿易収支と知的財産権などのサービス収支の合計は、6兆230億円の赤字であり、そのなかでも、デジタル赤字が拡大していることを指摘した。日本企業のデジタル化は進展しているなか、この赤字を縮小させることは簡単ではない（図表10）。

図表11　第一次所得収支

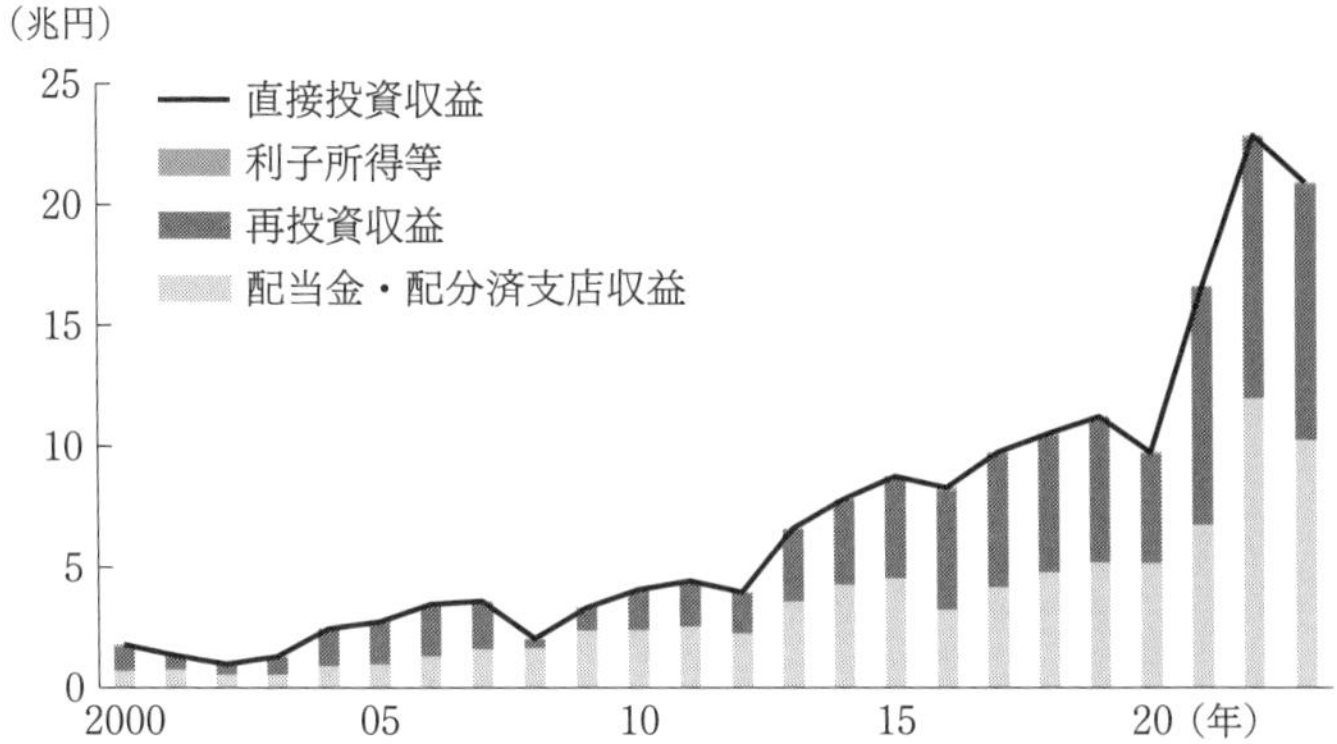

（資料）財務省を基に日本総合研究所作成

「国力」の回復が一番大事

　こうしたなか、円安歯止め策の一つとして、レパトリ減税が浮上している。これは、海外配当にかかる法人税を減税することで、海外現地法人に蓄積された内部留保を日本国内へ還流させ、円転需要を高めようとするものである。現行の制度では、日本企業が海外子会社から配当金を受け取る場合、一定の要件を満たすと、配当金の95％が非課税所得となっている。もっとも、日本企業が海外で得た利益のおよそ半分は現地で再投資される傾向にあり（図表11）、円転需要は限られている状況である。レパトリ減税により、残りの5％も非課税所得とすることで、海外から日本への資金還流が増える可能性はある。

　米国の例をみると、レパトリ減税は「短期的には」国内への資金還流を増加させる効果がある。

米国では、２００５年にブッシュ政権下で本国投資法を施行している。これは国内還流利益の税率を1年間、35％から5・25％へ引き下げるものであった。同年の資金還流額は約３０００億ドルと、前年から急増した。また、17年には、トランプ政権下で実施された税制改革法で減税は恒久化され、18年には多額の資金還流がみられた。

一方で、米国の事例では政策変更が行われた年には一定の効果があるものの、それは一時的であることには留意する必要がある。こうした減税措置は政府としての本気度を見せる効果はあるが、当然ながら企業は、成長性の高い国で投資したり、通貨価値の高い通貨を保持するものであり、そのため、長期的な成長期待・通貨高期待がないなかではレパトリ減税が導入されても円高は一時的なものとなる可能性は否定できない。

さて、円安により利上げ水準はどう変わるのであろうか。当社の試算によると、政策金利が伸縮的であった１９８０～90年代半ばには、消費者物価1％ポイントの上振れに対し、日銀は政策金利を1・2％ポイント引き上げてきた。これを今次局面に当てはめると、１６０～１７０円／ドルで推移した場合、２０２４年末までに＋0・25～0・5％ポイントの追加利上げが実施される計算となる。これは大幅な円安に伴う輸入インフレ圧力で進められた「悪い金利上昇」である。わが国としては、成長戦略の推進などにより、過度な円安の阻止と景気回復を達成して、「良い金利上昇」を実現する必要がある。良い金利上昇であれば、税収が拡大して財政も健全化に向かう。こうした「正の循環」を生み出すには、イノベーションを起こし、生産性を上げて賃金の持続的上昇を実現することが必要である。特にわが国はすでに人手不足時代に突入しており、労働投入拡大で経済を押し上げることが難しくなってきている。そのため、生産性の上昇がこれまで以上に重要になる。

7 通貨防衛と金融政策～ソロスとＢＯＥ

通貨防衛にまつわる4つの方法

２０２４年の円安局面では、日銀の利上げを急ぐべきとする世論がよく見られた。それについてどのように考えるべきであろうか。通貨防衛に際して、一般的に４つの方法が考えられる。

一つは為替介入である。しかしながら、為替介入は効果が限定的である。なぜならば、介入するためには、巨額のドル資金が必要となるが、それには限りがある。また日本経済の世界経済に占めるウエイトが過去に比べてかなり小さくなるなか、日本だけでは金融市場をコントロールすることはかなり難しい。各国との協調介入が必要となるが、各国も必ずしもそれに対して賛成するわけではない。実際、政府当局者で介入に関与したことがある人物の経験談を聞いたことがあるが、各国間の調整は非常に手間がかかるものであり、それほど簡単なものではないとのことである。そのため為替介入に過度に期待することはできない。さらに、為替操作国に認定されるリスクもある。実際、２０２４年6月、米国財務省は、外国為替報告書で、為替操作をしていないか注視する「監視リスト」を作成しているが、そのなかに日本を加えた。

監視対象にはすでに中国、ベトナム、台湾、マレーシア、シンガポール、ドイツが指定されている。「為替操作国」に認定した貿易相手国・地域はなかった。財務省当局者は、監視リストに日本が加えられたことを巡り、日銀が円安進行に歯止めをかけるために実施した為替介入は監視リストに加える要因になっていないとしている。もっとも、報告書の対象期間外ではあるが、日本は２０２４年4月と5月に、２０２２年10月以来初めての円買い・ドル売り介入を実施したと指摘しており、日本の為替介入に対する警戒感を示している。為替操作国と認定されないためにも、為替介入は丁寧な根回しのうえ、金額もマイルドにするといった対応が求められているといえる。

次に資本移動規制という手段もある。確かに資本移動を規制すれば為替の動きは小さくなり、相場変動は小さくなるであろう。しかしながら、日本のような高度な資本主義国がそのような対応をした場合、国際金融市場に大きな動揺をもたらす可能性がある。例えば、欧州債務危機ではギリシャ[2]などが同様の措置を導入したが、その際、大規模な債務整理なども同時に行い、経済が混乱した。こうした副作用の大きさからも、有効な手段とは言えない。

3番目は通貨スワップである。これは経済規模が小さい国が自国の市場を守るために経済大国と通貨スワップを実施するのであれば意味があるが、日本の金融市場の大きさを考えるとこれも現実的ではない。そのために4番目の利上げが注目されるのである。

確かに、金利が上がれば、金利差を理由とした円売りは弱まる可能性はある。その意味では円安を止めるための利上げの可能性はあるかもしれない。日銀の歴史をみても、1978年末から1980年春にかけて、原油価格が急騰し、原油輸入に依存する日本経済の「石油に弱い体質」が為替市場においてクローズアップされるなか、円安が進行した際、日銀は公定歩合を引き上げている。しかしその時は通貨防衛というよりも、輸入インフレを抑制する観点が強かったと考えられる。

ポンド売りを仕掛けたジョージ・ソロス

しかしながら景気の実態以上に金利を引き上げた場合、景気後退懸念が生まれ、逆に円安が進む可能性もある。また為替相場のために金融政策を活用することは、市場から攻撃されるリスクが高まる。その一つの例がポンド危機である。

1992年夏、英国ポンドの過大評価に目を付けた、ジョージ・ソロスが率いるヘッジファンドが、100億ドルに上る巨額のポンド売りを仕掛けた。ジョージ・ソロスはグローバル・マクロ[3]と呼ぶ手法を中心に大規模なヘッジファンド運用で知られた投資家である。当時の欧州では、1999年1月のユーロ導入までに為替変動を調整する仕組みであるERMという仕組みが導入されていた。英当局はポンド相場をERMの変動幅に収めるべく対応を続けたが、9月15日にERMの下限に達し、英国のERM離脱は時間の問題と見られた。明けて9月16日、英当局は公定歩合を引き上げるとともに市場介入（ポンド買い）を続けたものの、ソロス以外の投資家もポンド売りに回り、同日夜、英国はERMから離脱し変動相場制への移行に追い込まれた。この出来事は、「暗黒の水曜日」や、「イングランド銀行が敗北した日」と当時いわれた。なお、英国はその後もERMに再加入することはなく、2016年6月の国民投票によりEU離脱が決定した。

ソロスが勝ったといわれるが、これはソロス一人が勝利したのではない。ソロスが勝ちそうだと思った世界中の投資家が売り浴びせたことがイングランド銀行の敗因であった。つまり世界中の投資家が勝利し、イングランド銀行のみが負けたのである。市場原理に合わないものは、世界中の投資家によって修正が行われ、そのつけは無理な政策を進めた政策当局が払わなければならなくなる。

また、通貨と金利の関係で足元で注目される国がある。それはトルコである。ここ数年のトルコリラ相場を巡っては、『金利の敵』を自任するエルドアン大統領が「高金利が高インフレを招く」「金利の低下は、資金調達コストの低下となり、設備投資・雇用・輸出が増加する結果、経済の安定化によりインフレが抑制される」という通常の経済学とは異なる謎の理論の下、インフレにもかかわらず中央銀行は度々利下げを迫られた。

他の先進国であれば、中銀は独立しており、こうした政治からの要請を断ることもできるが、トルコでは独立性が脅かされる動きが相次ぎ、中央銀行はエルドアン大統領の圧力に屈するほかなかった。こうしたなか、反応したのが為替市場である。２０２３年には1ドル＝18リラ近辺で推移していたが、その後はリラ安が一貫して進行しており２０２４年4月には1ドル＝32リラまでリラ安が進行した。

一方で、足元ではリラ安が反転しそうな空気もある。それは、２０２３年の大統領選、及び総選挙後に行った内閣改造において、経済学に基づいた政策運営を志向するメンバーが経済政策運営チームを組成するなど、正常化に向けて大幅な転換を図る動きをみせた。その結果、２０２３年来では、中銀は大幅利上げ（累計41・5％）を実施し、２０２４年7月には政策金利は50％という通常の国ではあまりない高水準となっている。

こうした政策変化を追い風に主要格付機関が相次いで同国の外貨建長期信用格付の格上げを行うなど、国際金融市場の同国に対する見方が変化しつつある。また、中銀はインフレ見通しを上方修正するとともに、カラハン総裁は先行きの金融政策を巡って追加利上げの可能性を示唆するなど『タカ派』姿勢を示したほか、政府も包括的な財政緊縮策を策定している。インフレ抑制に向けて財政・金融政策が協調する方向に変化している。

この事例からみられるのは、景気刺激を巡って低金利を進めたあとには、投機筋などから通貨が売られ、通貨安とインフレが起きてしまうということである。そしてそれの後始末には政策金利を数十パーセントも上げる必要性も出てきかねないということだ。そして利上げだけでなく、政府も緊縮財政に転じるなど、国民生活にかなりの負担を負わせる改革に追い込まれることもある。日本がかつてほどの国力がないなか、新興国での経験は決して対岸の火事ではない。

この章のまとめ

▼経済政策は実施した直後に効果が出るものではなく、効果が発揮するまでタイムラグが発生する。金融政策も同じであり、大体2年程度のタイムラグがある。また日銀の利上げペースは緩やかであり、当面実質ベースではマイナスが続く。したがって金利の効果が出てくるのは数年先となるとみられる。

▼米国は大幅な利上げを実施したが、経済は総じて堅調に推移しており、2024年央時点では、利上げによる景気減速があまりみられていない。その理由について様々な意見があるが、一つはGAFAやマグニフィセントセブンといった新興IT企業が米国の景気回復をけん引してお

り、それが利上げによる景気押し下げ効果を相殺しているとの見方もある。また米国企業が低金利時に長期の債券を発行しており、借り換えがまだ発生していないという面もある。しかしながら、これから高い金利での借り換えが済めば米国企業の利払い費も増えることになり、利上げ効果も出てくるものと考えられる。

▼米国では金融環境が引き締まるなか、運用に失敗した銀行もみられるようになり、いくつかの銀行が破綻した。その際、SNSなどで情報伝達が速くなり、預金などもデジタルで取引スピードが上がるなか、デジタルバンクラン（オンラインバンキングを活用して人々が急速かつ大規模に経営不振の銀行から預金を引き出すこと）のリスクが高まっており、これまでとは違うスピード感の取り付け騒ぎが発生している。一方で、システミックリスクが顕在化するようなことは起きておらず、その意味では現行の金融規制や監督は一定の効果を発揮しているといえる。

▼当面の世界経済は自然利子率をやや上回る3％の水準になると考えられ、景気は底堅く推移する。その結果、各国ともインフレ率は2％前後に落ち着くというのがメインシナリオである。こうしたなかでは金利もそれほど上昇する事はないだろう。

▼一方で、米国の経済がかなり順調であり、またトランプが当選すれば大幅減税が行われることから、景気が上振れる可能性もある。その場合、インフレ率は4％程度となり、米国の政策金利は6・5％近くなることも否定できない。そうなると世界中で通貨安や金利引き上げなど

様々な面で影響が出てくる。また、欧州ではポピュリズム政党が力を伸ばしており、欧州でもバラマキが行われる可能性がある。そうなると、世界中で金利上昇・ボラティリティ上昇となる可能性がある。

▼当社では、日本において、半年に0・25%程度のペースで利上げが進むと考えており、実質金利がプラスになるのは2028年ごろとみている。しかしながら円安が160円や170円まで進む場合、利上げペースは加速すると考えられる。新NISAによる海外株式投資の拡大、デジタル赤字などがあるなか、円安を止めることは困難化している。

▼金融史を紐解けば、通貨を守るために利上げを行うことはよく見られる。しかしながら、それが必ずしも通貨を防衛できるかどうかは定かではない。金利で通貨防衛するよりも国力を上げて通貨を守ることの方が重要である。

---

1. VAR（Vector Auto Regressive、ベクトル自己回帰といわれる時系列モデル。多変量の時系列データを扱う。そこではインパルス応答関数というものを示すことができ、それではある時系列の変数X（例えば政策金利）に変動があったとき、他の時系列の変数Y（例えばGDP、鉱工業生産などのマクロ経済変数）にどう伝わっていくかをモデリングすることで、時系列の変数Xと変数Yの関係性を示すことができる。

2. ギリシャ以外にもキプロス、アイスランドなども導入した。資本移動規制を導入しなければ、キャピタルフライトが起きて、一層通貨安が発生する可能性があるために導入されている。

3．グローバル・マクロ戦略（Global Macro Strategy）とは、世界中の国または地域の経済、金融市場、政治情勢などマクロ経済・社会的観点から分析して、世界中の株式、債券、通貨、コモディティ、先物市場等の広範な金融市場で売買する投資戦略。あらゆる市場・商品を対象にロング・ショートを織り交ぜて投資する方法。

4．欧州連合（ＥＵ）の前身である欧州経済共同体（EEC, European Economic Community）の当時の加盟国が１９９９年1月のユーロ導入までの移行期間に、各国通貨変動の安定化を目的に採用した欧州通貨制度（EMS, European Monetary System）における為替変動を調整する仕組み。加盟国は欧州通貨単位（ECU, European Currency Unit）という共通通貨を導入。加盟各国間の為替相場の変動幅を±2・25%以内に抑えることを原則とした。また、ＥＲＭは１９９９年のユーロ誕生後に、ＥＲＭⅡに移行。ＥＲＭⅡはユーロを導入していないＥＵ加盟国の通貨とユーロ間の為替相場を安定させ、ユーロ導入を促進することを目的としている。ユーロ参加を目指すＥＲＭⅡ加盟国はユーロに対する自国通貨の変動幅を2年間±15%に抑えることを求められる。

第4章

金利のある世界①

企業では どのような 影響があるか

「金利のある世界」の歩き方

1 設備投資への影響は以前より小さく

さてここからは金利上昇が各部門にどのような影響を与えるかをみていきたい。企業部門や家計部門は当社調査部のマクロ経済研究センターの分析をベースに、私の考えを示していく。財政部門については、調査部蜂屋勝弘上席主任研究員との共同研究や、過去の私の財政に関する研究をベースにして言及していきたい。

まずは企業部門である。企業部門全体においては、金利が上昇したとしても、設備投資の腰折れの可能性が低いとみている。それは、設備投資と金利の関係が希薄化しているからである。当社の西岡慎一マクロ経済研究センター所長、後藤俊平研究員によれば、企業の借入金利が1％ポイント上昇すると、設備投資は１９８０～90年代に3％程度減少したのに対し、２０００年以降は1％台半ば減少するにすぎず、金利上昇が設備投資を押し下げる効果はかつてに比べて半減しているとしている（図表12）。

なぜ、バブル崩壊後に金利変動による設備投資への影響が小さくなったのであろうか。その理由として考えられるのは、①借り入れの減少と②無形資産の増加の2点が考えられる。

図表12　金利1%上昇の設備投資への影響

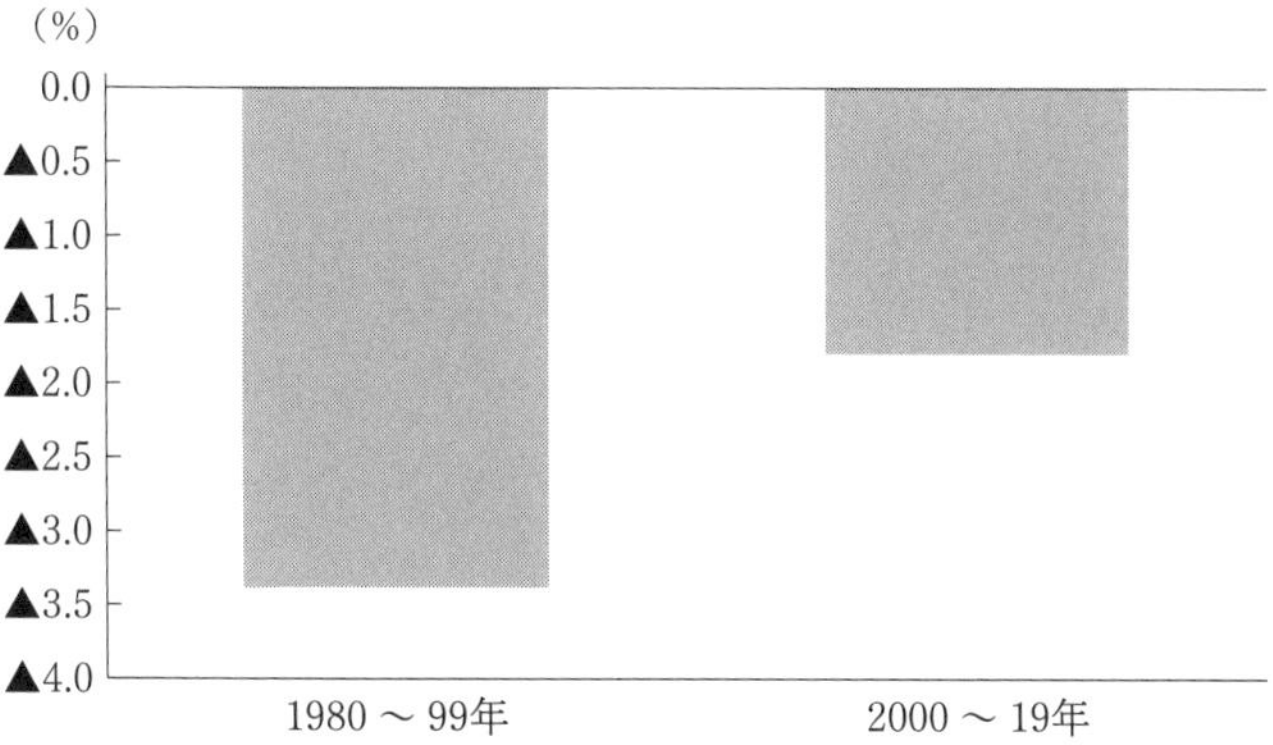

(資料) 財務省を基に日本総合研究所作成
(注) 固定効果モデルによるパネル推計。20業種、四半期データ。被説明変数は設備投資・資本ストック比率、説明変数は、借入金利、資本収益率、キャッシュフロー比率、現預金比率、負債比率。借入コストの推計値。

① 借り入れの減少

企業がバブル崩壊以降、過剰債務による経営難を反省した企業が増えたなか、借り入れを原資とした設備投資を控えたことが金利と設備投資の関係を弱めた可能性がある。

財務省「法人企業統計季報」によると、企業の有利子負債は総資産との対比で30%台と、1990年代の40%台半ばから大きく低下している。企業は有利子負債を圧縮する一方、先行き不透明感などを理由に、内部留保を現預金として蓄積したことから、ネットベースでみた有利子負債比率はさらに低下し、足元では20%割れで推移している(図表13)。

バブル崩壊以降、債務の多い会社は破綻する一方、生き残った会社は、破綻した企業を他山の石として、ひたすら借入金を減らしてきた歴

図表13　有利子負債比率

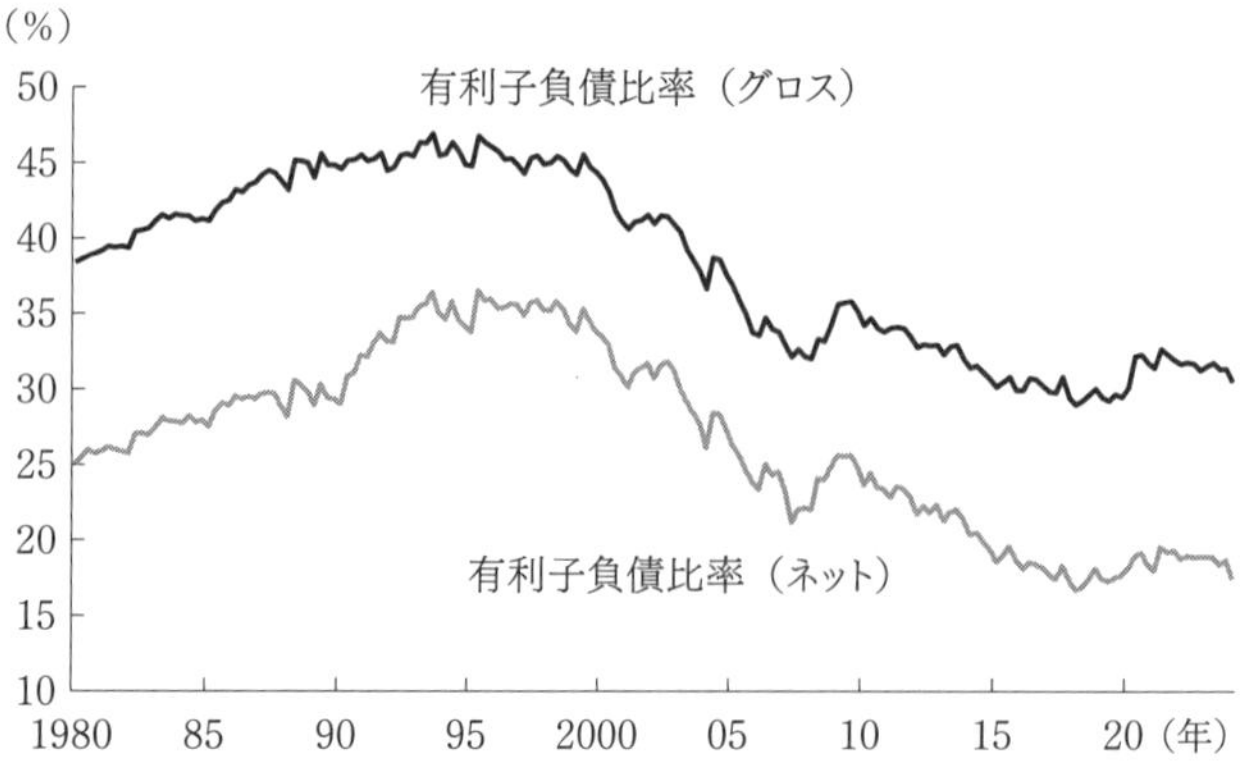

（資料）財務省を基に日本総合研究所作成
（注）総資産との比率。有利子負債は短期借入金、長期借入金、社債。ネットは有利子負債から現預金を除いたもの。

史がある。企業部門は、１９９０年代末から２０００年代初めにかけての厳しいリストラの過程を経て、雇用・設備・債務の３つの過剰を解消し、より強固な財務体質への転換に成功したともいえる。

企業は債務を圧縮するなかで、設備投資はキャッシュフロー内に抑える傾向が強くなった。財務省「法人企業統計調査（年次）」によると、企業の設備投資（ソフトウェアを除く）はバブル期にキャッシュフローを上回ったが、２０００年代に入ると、キャッシュフローを下回り、直近の２０２２年度にはキャッシュフローが80兆円超と設備投資の１・８倍に達している。また、国内銀行が実行した設備投資向けの新規貸出額はバブル期の40兆円をピークに減少を続け、２０１０年には20兆円弱と半減した。新規貸出額が設備投資に占める比率もバブル期の40％超から2010年に25％まで落ちており、借り入れを原資とした設備投資が減少したことをうかがわせる。ただし、一部の非製造業では2010年以降、新規貸出額は増加に転じ、設備投資に占める貸出比率も緩やかに上昇している。

借り入れの減少が金利と設備投資の関係を弱める背景として、いわゆる「信用チャネル」を通じた効果が低下する点が挙げられる。企業が金融機関から融資を受ける場合、借入金利は市場金利にプレミアムが上乗せされ、企業の正味資産や担保価値が低いほどプレミアムは高くなる。つまり貸出スプレッドは増加する。仮に、中央銀行が市場金利を引き上げた場合、企業の資産価値や担保価値は下がることからプレミアムは拡大し、借入金利の上昇幅は市場金利の上昇幅を超える。これは「信用チャネル」と呼ばれており、金融政策の主要な波及経路の一つである。つまり、金融政策の波及効果は、信用度の高い企業には相対的に小さく影響し、信用度の低い企業には、スプレッドが一層拡大することから、相対的に大きく影響を及ぼす。当然ながら無借金経営が一番その影響を受けないこととなる。

キャッシュフローによる資金調達コストは市場金利に近い（キャッシュフローを運用した場合の機会費用）ことを踏まえると、市場金利の上昇による調達コストの上昇幅はキャッシュフローよりも借り入れの方が大きいことになる。したがって、設備投資の原資をキャッシュフローにシフトさせればさせるほど、金利と設備投資の関係は弱くなる。

② 無形資産の増加

無形資産が増加している点も金利と設備投資の関係が希薄化した一因といえる。無形資産とは、研究開発、特許権、デザイン、ブランド、ソフトウェアなど企業活動に重要な影響を及ぼす、可視化できない資産を指す。無形資産の概念に近い「知的財産生産物」は年間30兆円超と設備投資全体の35%を占める。これが設備投資に占める割合は2010年代に入ってから伸び悩んでいるものの、1990年代の20%強と比べれば上昇している。無形資産の増加が金利と設備投資の関係を弱める背景として、次の2点が挙げられる。

第一に、無形資産は借り入れの担保資産となりにくい点である。無形資産は土地や建物などの有形資産に比べて市場価値の測定が難しく、慣例的にも担保資産にそぐわないものが多い。このため、無形資産が増加すると、金利が変動しても担保価値の変動を通じた借り入れの増減が小さく、設備投資への影響も小さくなる。この点は、先述の「信用チャネル」を弱める効果ともいえる。第二に、無形資産は技術革新のスピードが速く、資本減耗率が大きい点である。資産の陳腐化が速いと更新投資が大きくなるため、金利変動によらず一定の投資が必要となる。実際、ソフトウェアの資本減耗率は他の資本と比べてかなり高い。先行研究でもこれらの効果が実証されており、例えば、米国の個別企業データの分析などでは、無形資産が多いために金融機関からの借り入れに制約がある企業や資本減耗率が大きい企業ほど、株価や設備投資が金利上昇の影響をあまり受けないことを示している。また、ＩＴ関係では、サブスクリプション型でサービスや製品を提供することも増えており、こうしたことも金利と設備投資の関係を弱めることにつながっている。

2 業種別には大きな差が

このように経済全体でみれば金利上昇による設備投資への影響力は弱まっているが、逆に、借り入れが多く、無形資産が少ない産業では、金利上昇が設備投資を強く抑制する可能性がある。こうした業種は一部の非製造業が該当し、①電気業、②不動産・物品賃貸業、③運輸・郵便業、④宿泊・飲食サービス業の４業種が挙げられる。これらの業種では、ネットベースの有利子負債比率が30％を超える一方、無形資産の一種であるソフトウェア比率が10％を下回る。

これは有利子負債比率が低い製造業や、ソフトウェア投資が多い情報通信業、広告業、職業紹介といった非製造業とは対照的である。有利子負債が多く、無形資産が少ない上記４業種では、設備投資が全業種の３割程度を占めるのに対し、設備資金新規貸出額が全体の６割を占めており、借り入れを原資とした設備投資が多い。

このような特性を反映し、上記4業種の設備投資は他の業種と比べて金利変動の影響を強く受けると推計される。前述の推計方法を踏襲した試算によれば、金利が1％上昇すると4業種の設備投資は5％近く減少するとの結果が得られる。これは全業種の減少幅と比べてかなり大きい。しかも、4業種の減少率は1980～90年代と2000年以降でほとんど差がなく、過去から一貫して設備投資は金利変動の影響を強く受けてきたことが示唆される。

公益性が高い電気業では、経済環境の変化によらずコンスタントに設備投資が実施される可能性もあるが、電力自由化以降、設備投資が将来収益の不確実性の影響を受けるようになったとの指摘もあるなか、金利変動が設備投資に相応の影響を及ぼす可能性も否定できない。

3 不動産市場やビッグプロジェクトなどに悪影響

不動産市場はすでにバブルか

金利上昇で不動産関連の投資や市況が落ち込み、金融機関経営などに悪影響が及ぶ可能性には注意を要する。不動産業では、長年の低金利で国内外の投資資金が流入してきたことを背景に、オフィスや店舗などを中心に設備投資が積極的に実施されている。財務省「法人企業統計季報」

によると、不動産業の設備投資はGDP比で2000年代半ばのミニバブル期を大きく上回り、1980年代後半のバブル期に次ぐ高水準に達している。

不動産価格も上昇している。国土交通省「不動産価格指数」によれば、商業用不動産価格は全国平均で上昇しており、なかでも、東京都を含む南関東圏では、オフィス価格が2010年の2倍に達している。東京のオフィス投資で得られる収益率は国際的にみても高いことから、海外投資家のわが国への投資意欲も相応に強いと考えられる。実際、わが国の不動産投資額をみると、2024年第1四半期は、前期比178%増、前年同期比45%増の1兆7046億円（米ドル建てで前年同期比29%増の114・9億ドル）となっている。

もっとも、オフィス市場では、設備投資の増加を背景に供給が増加するなかで、在宅勤務の定着などもあって需要の回復力が鈍っており、オフィス空室率は、海外よりは低水準であるものの、高止まり傾向にある。また都内でも地域によって空室率は異なっており、丸の内・大手町、日本橋あたりは2%台と低水準であるが、湾岸エリアでは10%を超えるところも出てきている。こうしたなか、金利上昇が借入コストの増加を通じて需要を押し下げ、不動産価格のピークアウト及び下落をもたらす可能性がある。また、金利上昇が円高につながる場合、海外資金が流出しやすくなり、不動産投資や価格が一段と下押しされる可能性もある。不動産価格の下落は、関連企業の収益減少や担保価値の下落などを通じて金融機関の貸出の減少につながることも懸念される。

現在までのところ、バーゼル規制の強化などを通じて、わが国の金融機関が一定のストレスにも耐えうる十分な自己資本基盤を有しているとみられるが、不動産市場では投資に過熱感がみられており、都市部の不動産価格などでは割高感もある。

金融機関では、貸出総額に占める不動産業向けの割合が上昇傾向にあり、特に信用金庫などの比較的規模の小さい業態でこの傾向が顕著である。こうした業態では、有望な貸出先が少ない一方で、不動産関連はロットも大きいため、貸出をしやすいことがあげられる。個別金融機関に生じた損失が経済全体に影響することがないよう、日銀や金融庁には、不動産業向け与信を含め金融機関経営の実態を的確に把握することで、危機を事前に察知することが一層重要となっている。さらに、手元流動性の備えや自己資本基盤の充実を促進するよう金融機関に働きかけることも引き続き重要である。

環境債やデジタル投資が抑制される可能性も

次に、社会課題解決に向けた取り組みの抑制があげられる。持続可能な社会の構築に向けた企業経営を実践することが世界的な潮流となっており、なかでも環境問題の解決に向けた取り組みも重要な経営課題に挙げられている。温暖化ガス排出量の削減を目的とした設備投資は多額に上ることから、最近では、環境債（グリーンボンド）を発行して事業資金を賄う企業も増えている。

わが国では、民間企業による環境債の発行額は2023年に1・6兆円に上っており、不動産・物品賃貸業、運輸業、電気業が全体の4割を占めている。なかでも不動産業が多く、その資金使途として環境性能が高いビル建設が中心であるほか、再生可能エネルギーの発電施設の建設も含まれている。

環境債を活用した関連投資は今後も増加すると考えられるが、金利上昇が円滑な発行を妨げることは十分にあり得る話である。米国では、金利上昇を背景に環境債のリターンが低下しており、発行額が足元にかけて減少する傾向にある。環境関連投資は長期間にわたる案件が多く、環境債の年限も長いのが一般的である。このため、市場金利の変動が発行額に影響しやすい面がある。短期金利が上昇すれば、短期で比較的リスクが小さい国債や高格付社債に資金が回り、環境債への資金流入が減少するリスクにも注意が必要である。

環境債の発行が定着しつつあるわが国では、金利上昇が発行を過度に抑制することがないよう、発行環境の改善を一段と進めていくことが求められる。これには、見せかけの環境配慮（グリーンウォッシュ）を排し、適切な資金使途を担保する枠組みを強化することも、投資家の裾野を広げる手立てとなる。

わが国におけるグリーン・ウォッシング規制としては、「不当景品類及び不当表示防止法」の「優良誤認表示」による規制と、環境省の「環境表示ガイドライン」による環境主張の正しい実施手法の提示があるが、こうした法律の建付けのもとでは、まずは消費者保護を最優先で図った後、欧米諸国における規制動向を見極めつつ、環境表示を巡る秩序の維持・確保を進めるべきであろう。

また、半導体やＡＩなどのＩＴ分野などでは巨額の投資が行われることが増えてきている。経産省では、世界の半導体市場は、クラウドサービス、５Ｇ通信、ＩｏＴ、ＡＩ、自動運転などが広がるデジタル社会の進展等に伴い、２０２０年の約50兆円から30年には約１００兆円まで拡大すると予測しており、今後も各国で巨額の投資が行われる可能性が大きい。また、世界的に高齢化が進み、コロナのような未知の感染症のリスクも依然として存在するなか、新薬開発にも巨額の資金が必要となっている。実際、メガファーマといわれる巨大な製薬企業は積極果敢に投資を行っている。

こうしたなか、金利が上昇した場合は、新産業への投資が困難化していくことも否定できない。金利のある世界においても、新産業創出に資金が低金利で回る仕組みが重要であろう。世界ではモダン・サプライサイド・エコノミクス（ＭＳＳＥ）の名の下で国家にとって重要な産業には財政資金を投じるべきという議論になっているが、その議論と日本の関係については後述したい。

この章のまとめ

▼企業部門ではバブル崩壊以降、有利子負債比率が低下傾向にあり、総じて金利上昇の影響を受けにくくなっている。また、ソフトウェアなどの無形資産の増加も、陳腐化するスピードの速さなどから、金利とは無関係に行われることが多く、それも金利感応度を下げている。その意味では、企業部門全体としては、収益や設備投資について金利に左右されにくくなっている。

▼ただ、借入が多い不動産などの一部セクターや中小企業は金利上昇に脆弱である。金利の影響は二極化する可能性が大きい。

▼さらに、環境関連、経済安保などに関する巨額投資が行われなくなるリスクもある。この場合、社会課題の解決や産業競争力の強化といった面で弊害が生じる可能性がある。こうしたものへの支援が今後求められる。

第5章

金利のある世界②
格差社会化する家計部門

1 全体としては金利上昇はプラスに

次に家計に与える影響について考えてみる。家計部門の金融資産・負債をみると、1808兆円（2024年3月）の資産超過となっている（図表14）。そのため、金利が上昇すると家計全体で利息の受け取りが支払いを上回る見込みである。2022年の資産・負債データを用いた試算によると、仮に、市場金利が5年かけて2％上昇した場合、家計全体の利払い負担は年間4兆円弱増加するのに対し、利息収入は年間約9兆円の増加となり、ネットの受け取り額は5兆円となる。

約20年前の2000年には、市場金利が2％上昇した場合の利息収入の増加額は約7兆円、利払い増加額は約5兆円、黒字幅は約2兆円であり、黒字幅はこの20年で3兆円増加したことになる。

1世帯当たりの平均でみると、利払い負担増加額が年間5万円であるのに対し、利息収入の増加額は同11万円に上り、収支は6万円の増加となる。2002年の黒字幅は約4万円であり、20年間で2万円ほど増加したことになる。

金利上昇による家計収支の変動幅は、市場金利と預金・借入金利の連動性に強く依存する。金

図表14　わが国の家計部門の金融資産・負債（2024年3月末）

（単位：兆円）

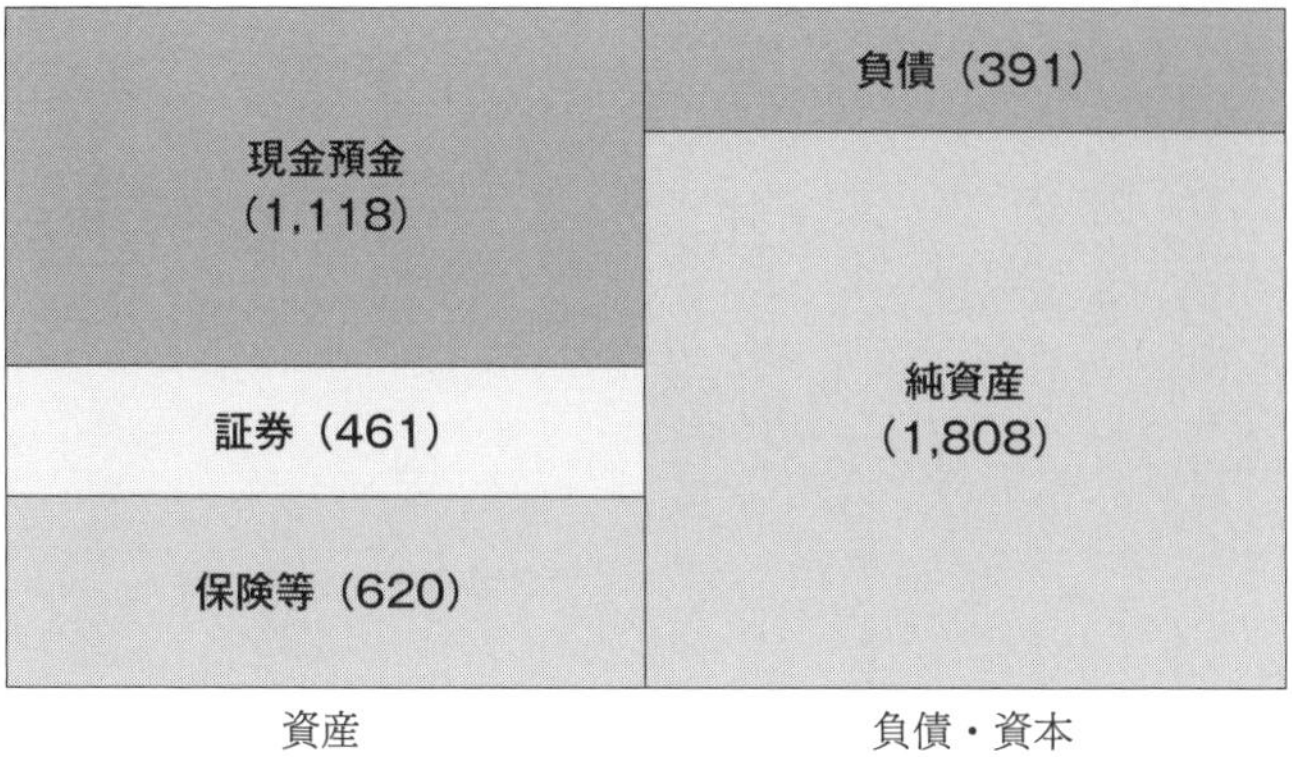

（資料）日本銀行を基に日本総合研究所作成

利の連動性は年限の影響を強く受ける傾向にあり、普通預金の金利や住宅ローンの変動金利は短期金利と連動する一方、定期預金の金利や住宅ローンの固定金利は長期金利に連動する。さらに、市場金利との連動性は預金と借入で異なっており、通常、預金金利よりも借入金利の方が市場金利と強く連動する。このため、金利上昇時には、預金金利よりも借入金利の方が上昇する傾向にある。例えば、政策金利が０・５％ポイント引き上げられた２００６年３月からの利上げ局面では、変動型の住宅ローン金利（店頭金利）はほぼ同率上昇したのに対し、普通預金金利は０・２％ポイントしか上昇しなかった。

　前述の試算では、当時の金利感応度を使用して預金金利と住宅ローン金利の変化幅を算出している。ただし、金利感応度は、預金・貸出市場における金融機関の競争度や企業の資金需要などにも左右されることから、今後の金利感応度が過去とは異なる可能性も高く、試算結果は幅を持ってみる必要がある。

2 勝ち組となる高齢者・富裕層、負け組となる若年層・子育て世帯

さて、格差社会を論じるにあたって、ジニ係数から考えてみたい。ジニ係数は所得格差を示す指標であるが、係数が0に近づくほど所得格差が小さく、1に近づくほど所得格差が拡大していることを示すものである。当初所得ベースのほか、租税や社会保険料を控除し、社会保障給付を加えた所得再分配後ベースがあるが、再配分後の可処分所得ベースをみると、2018年で日本は0・34であり、OECD諸国平均の0・32を上回っている。米国は0・39と不平等度が非常に高い。可処分所得の上位20%と下位20%の倍率を見ると、日本は6・2倍とOECD諸国の平均の5・3倍を上回る。米国は8・4倍と非常に高い。また、日本の相対的貧困率はOECD諸国でトップ10に入っており、その面でも格差が比較的大きい国といえる。

一方で、資産保有を見ると、上位1%のシェアは日本は11%であって、OECD諸国平均の

19％よりも大幅に低い。この比率は米国が40％で圧倒的に高い。つまり日本は所得では不平等度が高いが、資産では比較的平等な社会と言える。一方、米国は所得では不平等な国であり、資産で見るとさらに不平等な国と言える。

さて、こうしたことが日本の格差社会を巡る議論を複雑にしている。日本が格差社会だと言う人は、基本的に所得に目を向ける。一方で、日本が欧米に比べて格差が小さいと言う場合は、資産に目を向けているのである。こうなると両者の議論は嚙み合わない。資産と所得の両面を見て議論していくことが重要になろう。

そして、わが国では金利上昇が格差社会、とりわけ、世代間の格差につながる可能性に注意する必要がある。当社の西岡慎一主席研究員によると、金利上昇による収支への影響は、資産・負債の構成によって大きく異なり、例えば、世帯年齢別に前述の試算を実施すると、20歳代や30歳代では、市場金利が2％上昇すると1世帯当たり年間10・1万円の支払い超となり、40歳代でも支払い超となる一方、50歳を超えると受け取り超に転換し、60歳代で同12・4万円、70歳代以上は同13・6万円の受け取り超となるとしている（図表15）。これは、若年層や中年層では預金に比べて住宅ローンなどの負債が大きい一方、高齢層では住宅ローンの残高も減り、退職金などで資産が大きいことが背景にある。実際、20〜30歳代の若年層では、世帯平均の負債額が1000万円超と金融資産を上回るのに対して、高齢世帯では負債がほとんどなく、金融資産は2000万

図表15　市場金利2%上昇による家計収支の変化（年齢階級別）

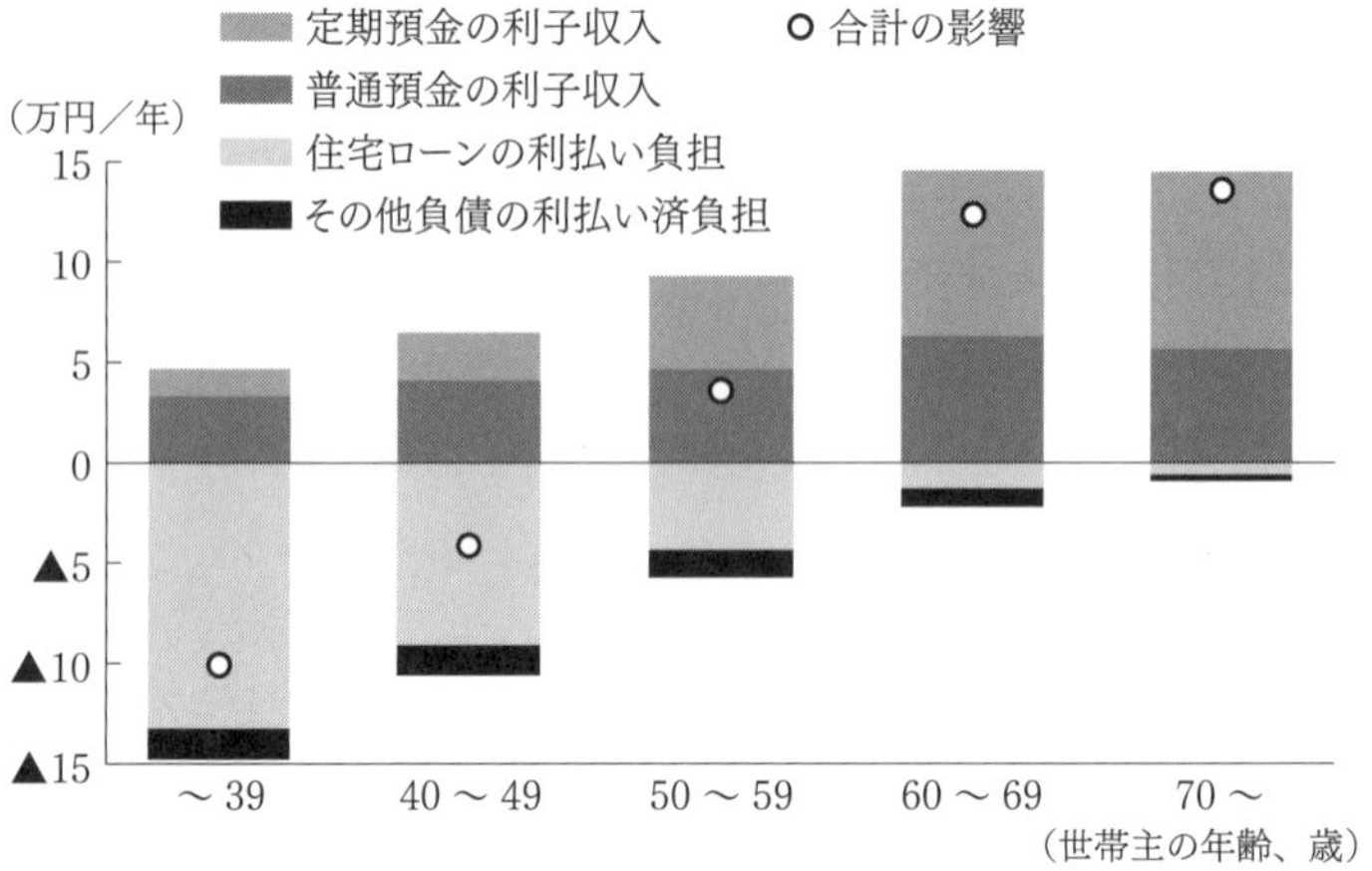

（資料）総務省、日本銀行などを基に日本総合研究所作成

円を超えている。

もっとも、高齢世帯では資産格差が大きく、金利上昇の恩恵が及ばない世帯も多い。高齢世帯の4割にあたる590万世帯が2％インフレによる消費の負担増をカバーできなくなる計算である。こうした世帯には単身世帯や年金収入が少ない世帯が多く、預金が600万円を下回っている点で共通している。このうち預金をまったく保有していない世帯も120万世帯に上り、近年顕著に増加している。

貯蓄形成が十分でない世帯は50〜60歳代でも増加しており、今後、インフレの定着で家計が圧迫される高齢世帯が一段と増加する可能性がある。

さて、家計部門では住宅ローンの影響を考えていくことが重要である。日銀「資金循環統

図表16　金利タイプ別の住宅ローン残高

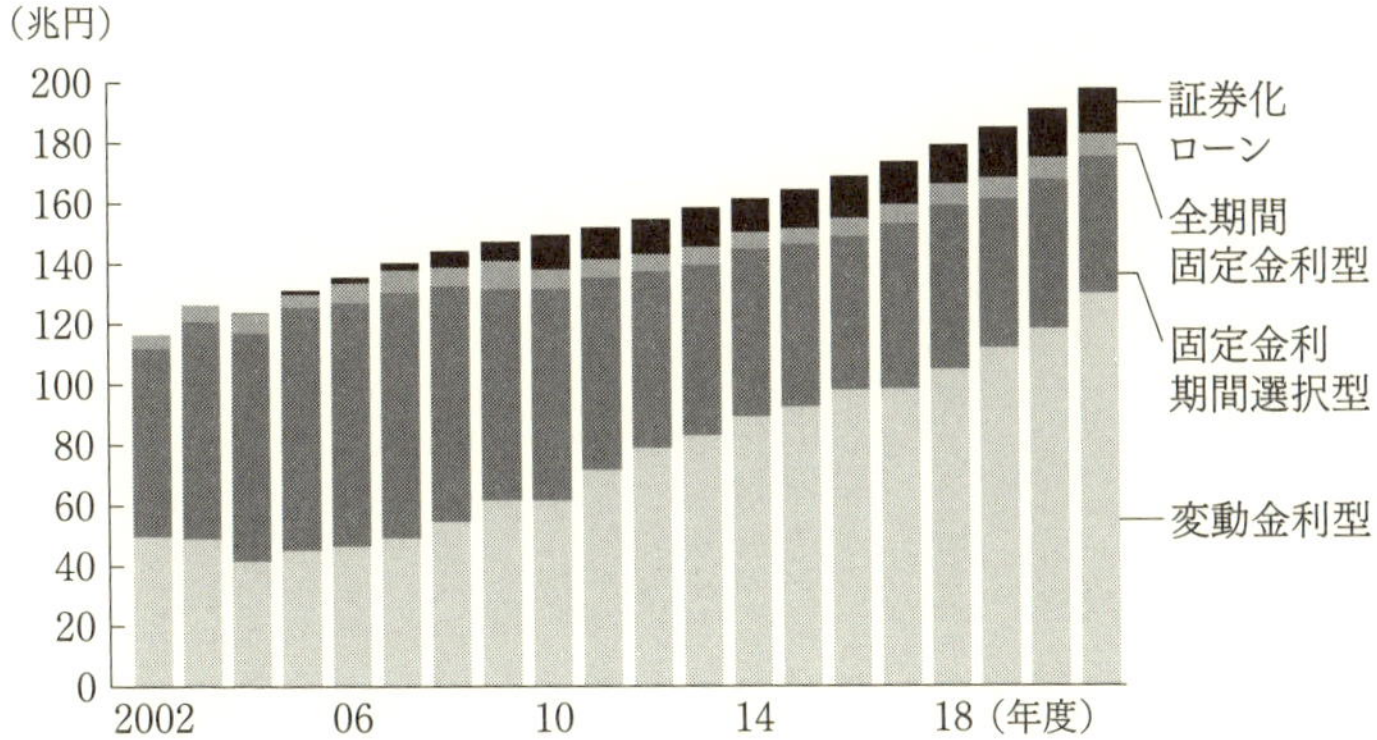

（資料）国土交通省、日本銀行を基に日本総合研究所作成
（注）民間金融機関からの貸出。

計」によると、経済全体の住宅ローン残高は、2022年度に204兆円に達しており、バブル期から3・5倍になっている。住宅ローン残高は所得の伸び以上に増加しており、可処分所得との比率はバブル期の20％台から2022年度には65％まで上昇している。バブル崩壊後、企業の資金需要が伸び悩むなかで、民間金融機関が住宅ローンへの取り組みを積極化し、頭金比率が低くても借り入れ可能なローンや、審査基準の緩和、震災時の見舞金や疾病特約が付くなどの各種特約付き住宅ローンの開発などが市場の拡大に寄与したといえる。

そしてこの市場拡大の主役は変動金利型であった。一般的に、固定金利よりも変動金利の方が利率は低くなることが多い。そして、わが国では住宅ローン控除という税制上の仕組みがあり、最大で年末の住宅ローン残高の0・7%が税額控除されることとなる（以前は1%控除される時代もあり）。近年、住宅ローンの変動金利は0・7%未満であったことが多く、その結果、住宅ローン控除で借り入れている人は利ざやが発生するような状態であった。そのことから、変動金利のローンが増えることとなった。

なお、変動金利が上昇しても、5年ルールや125%ルール[1]といった激変緩和措置があるため、すぐには返済負担が増えるわけではない。もっとも、こうした激変緩和措置は返済負担の先送りにすぎず、金利水準が切り上がるほど将来の負担が増大する。すなわち、激変緩和措置があっても、将来的には必ず家計の負担が増えるものであり、逆にこれまで抑制されてきた分が上乗せされる分、影響は突然大きなものとなる可能性がある。

この章のまとめ

▼金利が上昇すると家計全体では利息の受け取りが支払いを上回る見込みである。しかし、年齢と所得層で影響に差があり、それによって格差社会となるリスクがある。具体的には、一般に高齢者は資産リッチである一方、現役世代は住宅ローンなどの負債をかかえている。奨学金や教育ローンの負担増加も懸念される。

▼不平等度を巡ってはジニ係数をみるのが一般的であるが、それによると、日本は所得では不平等度が高いが、資産では比較的平等な社会となる。人によってどちらを重視するかが異なる結果、わが国での不平等度を巡る議論は錯綜する傾向がある。

▼わが国の家計部門で大きな問題は住宅ローンの残高が大きく、それも変動金利によるものが多いことである。金利が上がれば、激変緩和措置などで短期的には負担は増えないが、それは負担を先送りしているだけであり、後になって返済額が増加するリスクがあることには留意する必要がある。

1.「5年ルール」とは、変動金利が上昇しても、5年間は毎月の返済額を据え置くルールを指す。返済額の内訳が変化し、利払いが増える代わりに元金返済が減る扱いになる。「125%ルール」とは、金利が上昇しても返済額が25%を超えて増加しないルール。ただしこれで抑制された分は後年度の返済額増額となる。

第6章

金利のある世界③

財政再建を迫られる政府部門

1　欧米諸国の経験

さて、わが国ではやっと金利のある世界に戻ったが、欧米ではすでに金利のある世界に突入している。そこで財政の状況などを考えるため、海外の政府がどのような対応を行っているかを考えてみたい。

まずは歳出構造の平常化である。米国では財政引き締めが顕著であった。その背景としては、パンデミックからの景気回復を背景に民間活動が回復し、家計がパンデミックの間に蓄えた余剰貯蓄を活用することで、需要全体が好調となり、政府の支援打ち切りを乗り切ることができたからである。

欧米でも2022年には前年比で歳出がマイナスとなり、コロナ対策は手じまいとなっている。他方、日本は予算規模をみると、2022年度、2023年度と過去最高を更新し、2024年度は前年比マイナスとなったものの、ほぼ2023年度と同水準となるなど、欧米に比べて対応が遅れている。

次に物価上昇を見据えた対応である。インフレ率が上がれば金融政策も引き締められるが、財

図表17　海外の財政対応

歳出構造の平常化	欧米では2022年には前年比で歳出がマイナス。時限措置も基本的には延長せず
物価上昇を見据えた対応	インフレ率が上がれば、金融政策のみならず財政も引き締める傾向
財政規律の実効性確保	60カ国以上で法令レベルで財政規律を設定。欧州では財政規律を逸脱した場合に、規律の範囲内に戻す修正メカニズムを導入。一方で柔軟化条項も取り入れられているが発動要件を明確化
独立財政機関	導入国で、経済・財政への影響分析などを通じて財政運営に貢献。一方で、独立性の確保等運営上の課題は存在

（資料）財務省財政審議会資料を基に日本総合研究所作成

政政策も引き締める方向にあるのが一般的である。実際インフレ期に財政政策を発動しても、さらに金利を上昇させるクラウディングアウトが起こる可能性があり、それを避けようとする意識が強い。ＩＭＦの調査によれば、２０２２年には世界の74カ国が財政を引き締めに転じている。

一時的な措置だけでなく、恒久的な財政規律の実効性確保に対しても対応が進んでいる。60カ国以上が法令レベルで財政規律を設定しているほか、欧州では財政規律を逸脱した場合に規律の範囲内に戻す修正メカニズムを導入している。一方で、緊急事態に対応する意味からは、柔軟化条項が取り入れられているが、発動要件を明確化しており、無尽蔵にそれを発動させようとはしていない。

足元で注目度が高まっているのが、独立財政機関などの政府から独立した立場で財政について情報を提供する機能である。ＯＥＣＤ諸国では政府から独立した独立財政機関が経済や財政の影響分析などを通じて財政運営に貢献している。独立財政機関としては、オランダの経済政策分析局（１９４５年設立）や米国の議会予算局（ＣＢＯ、１９７４年設立）が長い歴史を持ち、多くのエコノミストが注目している。２０００年以降をみても、例えば、英国の財政責任庁（ＯＢＲ、２０１０年設立）のほか、スウェーデンの財政政策会議（２００７年）、カナダの議会予算会議（２００８年）、アイルランドの財政諮問会議（２０１１年）など、ＯＥＣＤ諸国で独立財政機関の設立が相次いでおり、先進国で独立財政機関がないのは日本くらいになっている。

特に先進国では、多くの独立財政機関がコロナ禍が経済的にどれほどの悪影響を与え、その場合にどれほどの予算が必要かについて迅速な分析を行った。ＩＭＦの調査によると、パンデミック発生時、半数以上の独立財政機関は、柔軟性条項の適切な発動または財政規律の一時的な停止を支持するとの見解を示しており、緊急時とそれ以外をきちんと分けて行動してきたといえよう。

一方で、独立財政機関の強化については、運営上の独立性と情報へのアクセスを確保することが課題として残っている。最近設立された独立財政機関では、党派的影響からの独立性が法的条項として明記されている。確かに、実際にはその任務の達成に向けて困難に直面している例もあるが、一定程度政治に対抗できるようになっていると考えられる。足元で欧米が財政再建に向けて歩みを進めている理由の一つとして独立財政機関の存在があげられよう。これについては後段で述べたい。

2 財政には深刻な影響 ~10年後には利払い費が倍になる恐れも

わが国の財政状況は、新型コロナ禍を経て一段と悪化している。長期債務残高(国+地方)は増加を続け、足元では名目GDPの2倍を超える水準に達している。毎年度の財政収支は巨額の赤字を続けており、政府が黒字化を目指している国と地方を合わせた基礎的財政収支(プライマリーバランス、PB)については、2024年度に18・6兆円(名目GDP比マイナス3・0%)の赤字が見込まれている。2024年度の国の一般会計予算をみると、112・6兆円の歳出総額に対し、税収は69・6兆円にとどまっており、歳出総額の3割以上が借金(公債金収入)で賄われる状況が続いている。

今後、一段の財政需要の拡大が見込まれるにもかかわらず、財源確保に向けた動きは鈍い。まず、長年の懸案である高齢化に伴って増加する社会保障費の財源問題では、消費税率の10%への引き上げ以降、財源のあり方に関する議論がほぼ停滞しており、国民にとっては、将来の税負担や国民負担の姿が見通せない（将来の不確実性が高い）状況のままになっている。また、脱炭素化や防衛力強化、少子化対策強化といった新たな政策課題に係る財源問題では、既存の歳出の見直しによる財源の捻出に加えて、税負担など国民負担を引き上げる方針が示されたものの、負担の実際の引き上げは将来に先送りされ、当面は新たな国債の発行によって財源を調達するという対応となっている。

こうした政策経費の増加が避けられないなか、今後は、「金利がある世界」となることで、公債費の増加も問題となろう。国の一般会計の国債費について、これまでの推移を債務償還費と利払い費に分けてみると、１９９０年代後半以降、債務償還費は、国債の「60年償還ルール」のもと、国債残高の積み上がりを映じて増加傾向で推移してきた。これに対し、利払い費は、市場金利の動きを反映して、２０００年代前半に大きく減少した後、ほぼ横ばいで推移、２０１０年代半ば以降は減少傾向となっており、このことが国債費全体の増加ペースを抑制してきた。このため、今後、金利上昇が本格化すれば、利払い費が大幅な増加に転じ、公債費の急増は確実である。

実際、財務省の試算によると、金利が１％上昇した場合、利払い費は10年足らずでほぼ倍増すると指摘されている。こうした実状を踏まえると、現在は、財政健全化に向けた取り組みを再加速し、一段の財政規律を伴った財政運営にシフトすべき瀬戸際に立たされているといえよう。

ただし、局面によっては、利払い費の増加額を税収の増加額が上回ることで、利払い費増加による財政収支への悪影響が緩和される可能性も考えられる。例えば、財務省「令和6年度予算の後年度歳出・歳入への影響試算」（経済成長3・0％ケース）をみると、利払い費が2025年度に対前年比1・4兆円増加するのに対し、税収は同6・2兆円増加しており、社会保障関係費等の基礎的財政収支対象経費の同0・9兆円の増加等を見込んでも、財政収支は同3・0兆円改善する結果となっている。

足元の普通国債の平均残存期間は9年5カ月（ストックベース、2024年3月末）であり、このことは金利上昇がすぐに大幅な利払い増とならないことを示唆している。当面は物価上昇による税収増加といった税収のボーナス期に入ることはあり得る。もっとも、時間の経過とともに大半の債務で高い金利での借り換えを余儀なくされる。平均残存年数は約10年とはいえ、2年以下が全体の25％近いことにも留意する必要がある。借り換え後に予想される一段の利払い費の増加に備えて、この10年内に財政健全化に向けた道筋をしっかりとつける必要がある。その間にインフレが進み、税収が大きく増加する場合には、財政健全化に向けた取り組み姿勢に緩みが生ずることが懸念される。

しかしながら、こうした税収増は必ず発生するものではなく、発生したとしても一時的にすぎない。税収増の場合でも財政健全化に向けた真摯《しんし》な姿勢を堅持して、毎年度の歳出抑制を確実に

図表18　国債の年限構成（2024年3月末）

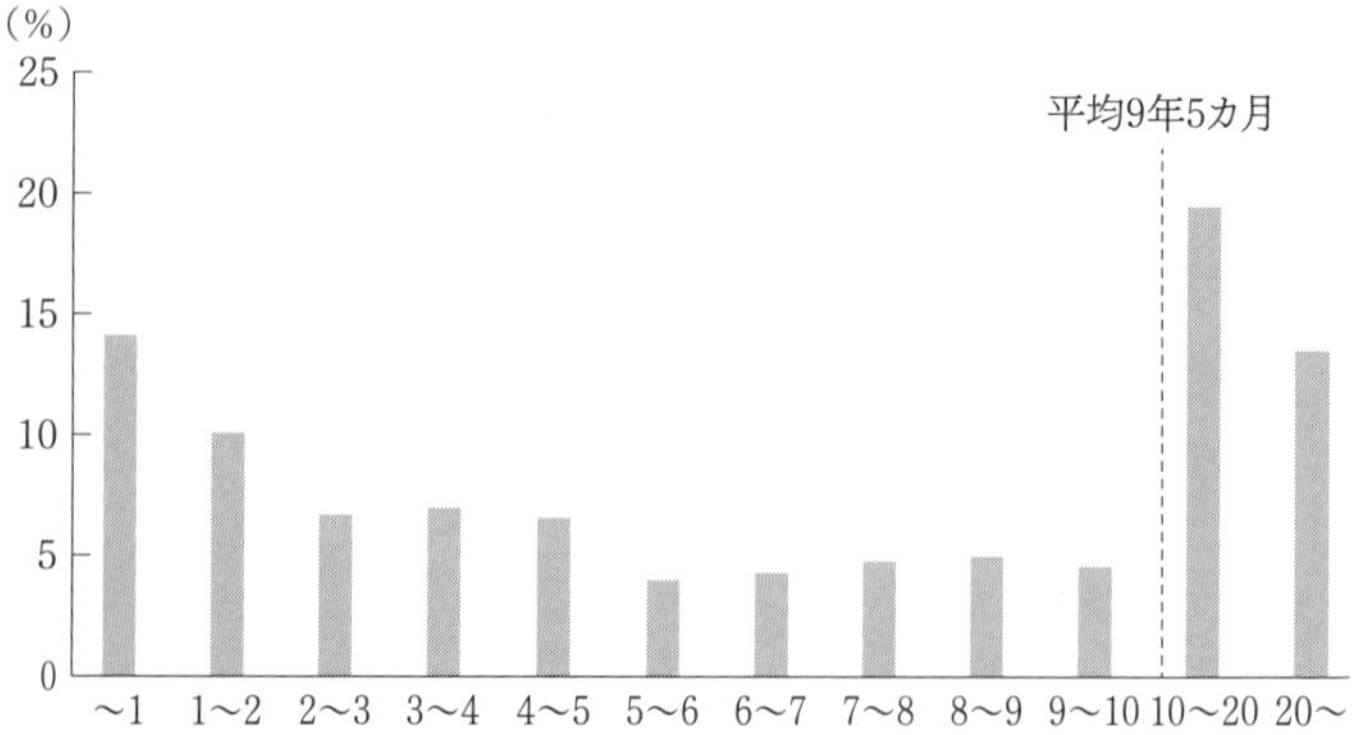

（資料）財務省を基に日本総合研究所作成
（注）1〜2は1年超2年以下を示す

図表19　わが国の長期金利と名目GDP（前年比）の推移

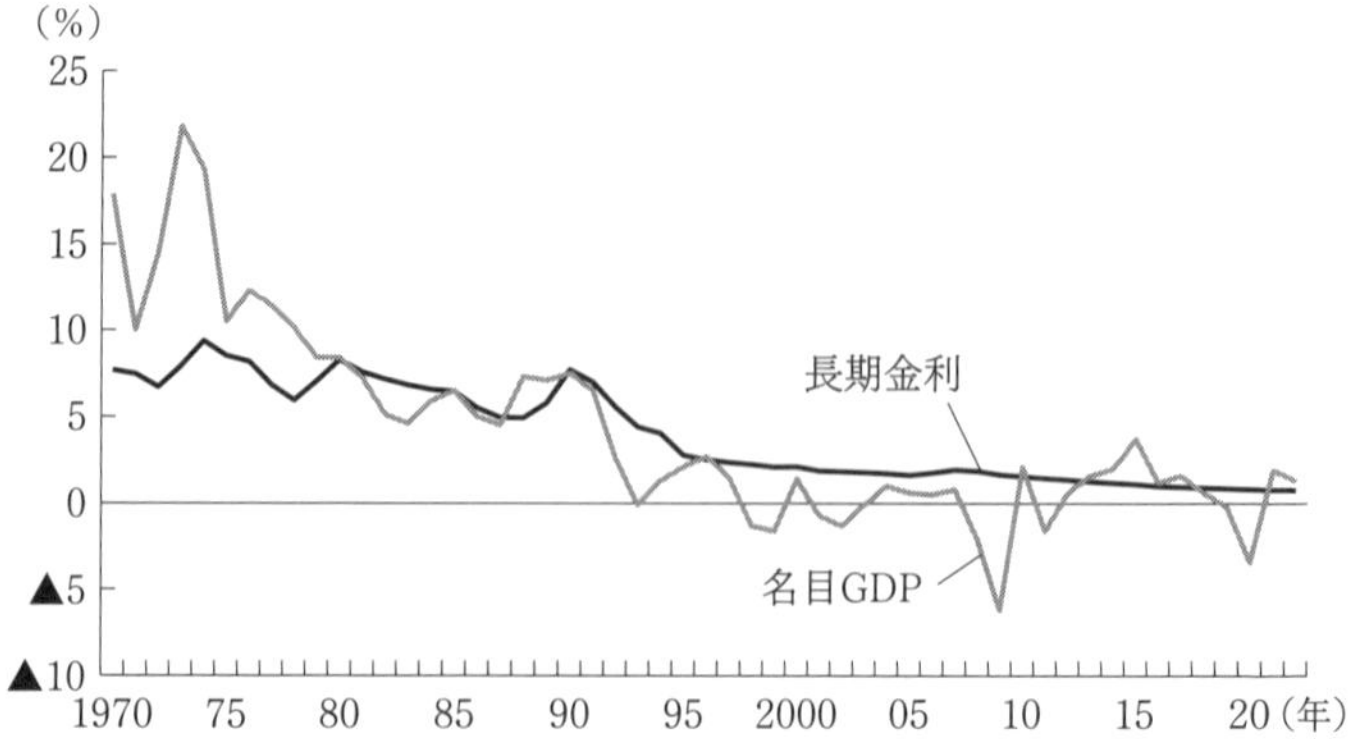

（資料）内閣府を基に日本総合研究所作成

実行していくことが、市場の信認を得るためには極めて重要である。その覚悟と揺るぎない姿勢を内外に示すためにも、新たな財政健全化目標や財政規律の設定、およびその着実な履行が必要不可欠といえよう。

金利が財政に与える影響は金利だけではなく、成長率に左右される。経済学ではドーマー条件といわれ、経済成長率（g）＜国債金利（r）となった場合には利払い費が増えるため財政は不安定化し、国債残高は拡大の一歩をたどるというものである。わが国の国債発行残高のＧＤＰ比が世界最悪の水準となるなか、g＜rとなった場合は財政悪化スピードが著しいものとなるリスクがある。実際、わが国では１９９０年以降、全般的に長期金利の方が名目経済成長率よりも高い傾向があり、国債の借り換えが本格化する前に財政再建を進める必要がある。

3　ドーマーとピケティ～リスク、安全利子率、成長率

なお、読者の中には、経済学者のピケティが示したr＞gという不等式を思い出した方もいるだろう。もっとも、ピケティのr＞gは国債だけでなく株式などリスクがある様々な投資商品のリスクプレミアムが入った投資収益率をrとしているものであり、安全利子率をrとしている

ドーマー条件とは矛盾しているわけではない。

一方で、ブランシャールは安全利子率（国債金利）＜経済成長率という状態が今後起きやすくなると主張している。それに対して経済論壇では意見が分かれる状況である。ブランシャールによると、インフレ率を考慮した金利と経済成長率とを比較すると、政府債務は金利で増加していくが生産は経済成長率で増加するので、金利が経済成長率を下回る限り、生産に対する政府債務の割合は低下していくとしている。確かに金利は、オイルショック以降、世界的に見れば過去30年間で着実に低下しており、それがブランシャールが財政に対して楽観的に考える理由である。

ブランシャールは、中国などの成長による国際的な貯蓄増のほか、長寿命化による将来に備えた貯蓄の増加などの構造的要因があるため、低金利は今後も続くとみており、2022年以来のインフレや金利の上昇は一時的なものとしている。そのため金融政策の余地が小さくなる一方で政府債務の持続可能性のリスクは低くなっており、各国は財政政策を活用することで低迷する民間需要を補い、マクロ経済を安定化できるというのがブランシャールの意見である。またブランシャールは、日本の1990年代半ば以降の不況対策について、低迷する民間需要を積極的な財政・金融政策の活用によって補い一応の成功を収めたとして、財政支出の規模が「ちょうどよかった」例と評価している。

その理由としては、生産の水準は潜在水準近くにとどまっており、経済成長率は低いが、それは人口動態によるものであり、原因は生産性や債務ではないとしている。インフレ率も低いが、それは失敗といえる水準でもないということでこれまでの日本は一応の成功をみたという評価だ。一方で貯蓄の減少と消費増加のための社会保険の充実、経済成長率を高める出生率改善や構造改革、そして高水準の債務に対応するため、時間をかけて財政政策を引き締め、中央銀行のバランスシートを縮小していくことの必要性も同時に指摘している。

なお、ブランシャールは、財政政策の規模がショックに対して小さすぎた例や財政政策が逆に過剰だったのではないかと考える例も挙げている。まず財政政策が少なすぎた例としては、世界金融危機に各国で実施された緊縮財政について検証している。世界金融危機後、債務が大幅に上昇し、その対応として債務削減に急速に焦点が移った。とりわけ欧州連合では強力な財政再建に取り組んだ。ブランシャールは、少なくとも欧州では財政再建を強力に進めすぎるなど、市場も政策立案者も伝統的な債務観にとらわれすぎたとみている。その結果、清算の大幅な費用が生じたとしている。そしてそれは経済学会で幅広い合意を得られているともしている。

次に財政政策が過剰だった例としては2021年初頭の米国のバイデン政権が打ち出した景気刺激策である、米国救済計画を挙げている。2020年の財政政策の焦点は、家計と企業の保護にあった。そして2021年初頭には財政政策の対象は保護から回復の維持と、部分的に移行した。そして、このプログラムの規模は観測される需給ギャップに比べて極めて大規模なものでであった。そのため、経済の過熱とその後のインフレに対する多くの懸念が見られたことから、ブランシャールは財政出動の規模としては大きすぎたと判断している。

4 資産課税はどう考えるべきか

世界で共通して「資産（資本）」に課税する

ところで、ピケティが出てきたので、彼が提唱する資産課税についても考えてみる必要がある。わが国の格差問題は、ピケティの指摘するような1％が90％以上富を独占しているといった問題はない。一方で、前述の通り、所得面ではOECDでもジニ係数は高い方であるほか、シングルマザーなどの相対的貧困率は高く、それを無視することはできない。それでは、ピケティの提言である「世界的な累進資本税」はその解決策になるのであろうか。

資本税というのは、フローの所得ではなく、土地、有価証券などの個人の保有する資産に課税し、一般的には、資産税と称される。そのため、税制の一般的な議論をする際には資産税という言葉を使うことが多い。

資産税とは、資産の保有や取得に着目して課税する税である。具体的には、資産を親などから無償で取得する場合の「相続税」、資産を保有している場合の「財産税・富裕税」「固定資産税」、資産の保有から生じる利子、配当、株式等譲渡益（キャピタルゲイン）などの「資産所得課税」がある。

ピケティの「資本税」は、あらゆる個人資産を対象に時価評価し、負債を引いた「純資本」をその課税対象とする。その意味では、「財産税」や「富裕税」に類似したアイデアである。

彼は、資産課税は税率が低い国、つまりタックスヘイブンに資金逃避が発生しやすくなることから、世界的な協力体制のもとで、累進税率を課すことを提言している。累進税の根拠としては、まずは不公平是正であるが、それに加えて、資産の規模が大きいほど収益率も大きくなる傾向があり、公平性を保つためにはこうした資産のスケールメリットを是正する必要性を挙げている。

「資本税」を導入している理由としては、「相続税のような1度きりの課税では公平性は保てないこと、資産から生じる所得への課税（資産所得税）では租税回避などが生じやすく実効性が薄いこと」を挙げている。

もっとも、ピケティはこうした提案を、「便利な空想」「非現実的な水準の国際協調を必要とする」と評し、導入の困難さは認識しているものの、公平性を確保できる手段として有効なアイデアとしている。

オランダを例に

一方で、ピケティはこうした資産課税の例として、オランダを挙げている。オランダでは2001年に、雇用の増加、国際競争力の強化、勤労所得への過重な税負担の軽減等を目的として、所得税の抜本的な改革が行われた。なかでも注目すべきは、所得を3つに分類するBOX課税への移行である。これは、個人の所得を、①勤労所得等、②大口の資本所得、③貯蓄・投資所得、の3つのBOX（分類）に分けたうえで、①については累進課税、②については25%、③についてはは30%の比例税率を適用することとした。③の課税方法は、個人ごとに資産を時価評価し負債を差し引いて純資産価格にしたうえで、基礎控除を差し引き、残りの価額の4%をみなし資本所得とする。それに30%の比例税率を適用するのである（導入当時）。

オランダにはそれまで富裕税があったが抜け道だらけで、キャピタルゲイン税は導入されておらず、不公平だという批判が従来から存在した。その意味ではキャピタルゲイン課税は本来行うべき対応であるが、実際のところ、キャピタルゲインを捕捉することは簡単ではない。そこで導入されたのが「見なし収益」という概念である。つまりこの税は所得税であるものの、見なし収益率を使った資産税（資本税）ということができる。なおその際、富裕税は廃止された。もっともこの税制から得られる税収は、全体の1%程度と決して大きなものではない。また、実際の資本からの収益と無関係に課税されるので、本当の意味で公平性を実現しているかは問題がある。[1]

日本はどういう取り組みをすべきか

それでは、ピケティの問題提起である「資産（資本）への課税」について、わが国として、どう評価すべきであろうか。

まず、OECD諸国においては、マネーロンダリングを防いだり、税金の流失を避けたいという考え自体は存在している。そして足元では前進もみられる。例えば、デジタル課税については2018年に始まった議論で、各国の利害が鋭く対立したが、2021年10月には140余りの国が参加する「包摂的枠組み」（IF：Inclusive Framework）において政治的な妥協に成功し、100年に1度の歴史的とも謳われた「最終合意」を達成している。その意味では議論ができる余地は以前よりはあるとはいえるものの、租税はその国の権力そのものであり、その国の経済財政政策の根幹であることを考えると、国際的協力の下での資産税（資本税）の導入というのはかなり困難があるのも事実であろう。

わが国でも、戦後シャウプ勧告[2]を受けて「富裕税」[3]が導入されたが導入からわずか3年で頓挫した。まずその理由は財産の評価を巡る税務執行の問題の多発である。土地、家屋、山林など外部から容易に見えるものは課税も容易であるが、預貯金や無記名債権などはとらえにくく、一般的に評価も困難であった。また手間をかけた割に税収が少なかったという問題もあった。さらにキャッシュフローなき課税が大きな問題となったことも頓挫した理由である。また、戦後復興で逆に資本の蓄積が必要ではないかなどの意見も廃止論を勢いづかせた。その経験を踏まえる必要がある。

一方で、財政学者の森信茂樹氏などは、オランダ型、つまり「資産」そのものへの税の代替として「資産所得」への課税というのなら、今日大きな意義を持つとしている。

森信氏はその理由として以下を指摘している。引用すると、

- 第1に、格差社会への懸念である。努力して富を築くのはよしとしても、そのことが次の世代にまで持ち越せば、社会は階層化し活力は損なわれる。所得再分配は強い「政治の意思」がなければ是正されるものではなく、経済成長を遂げれば自然に解消されるものではない。
- 第2に、超高齢化社会の経費の財源は消費税に集中しているが、消費税だけに依存するのではなく、資産課税の強化による財源なども考えるべきではないか。それは、政治的に不人気な消費税率の引き上げ幅を少なくすることができる。
- もっとも、格差への税制の対応は冷静に行っていく必要がある。近年実施された各種税制改正の様子を見ながら判断すべきだろう。

確かにわが国でも一定の格差があるなか、資産課税について議論は必要であろう。高齢者に富が偏り、国民負担率が上昇するなか（図表20）、現役世代は高額の税負担に苦しんでいる。そういったなかでは応能的な課税方法として、こうしたことを考えることは一理ある。一方で、金融

図表20　国民負担率の推移

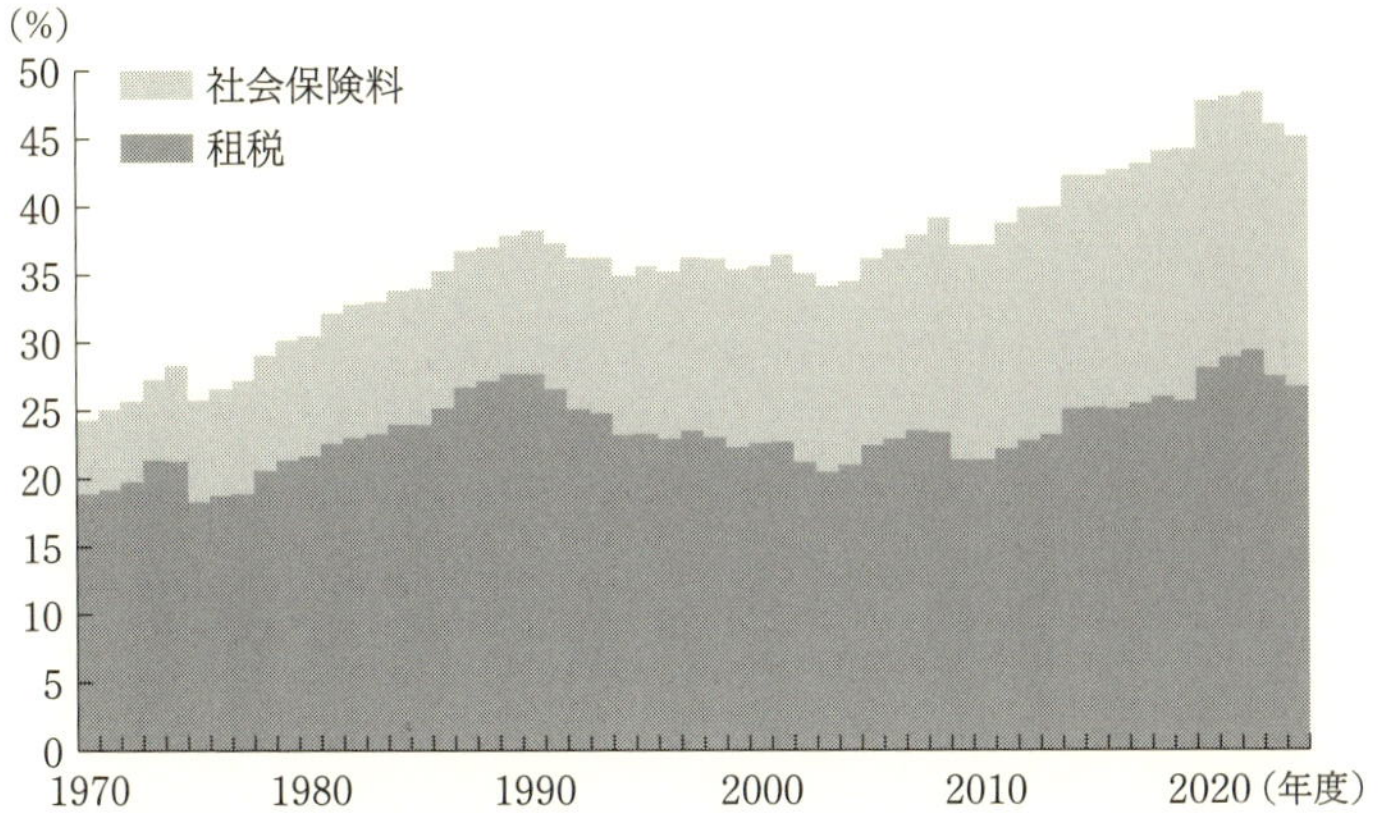

（資料）財務省を基に日本総合研究所作成

市場などに悪影響を与えてはかえって税収が減る恐れもある。資産課税に賛同する識者と議論しても具体像までの議論は出てきていない。各国の状況などを見ながら適切な税制を作っていく必要がある。資産課税の問題点については後述したい。

5　重要性が高まるＥＢＰＭ～現状と課題

昨今、ＥＢＰＭ（証拠に基づく政策立案）への関心が高まりつつある。政府においてはＥＢＰＭ推進委員会が政府全体でのＥＢＰＭ推進を図るほか、経済財政諮問会議、総務省行政評価局、内閣官房行政改革推進本部（以下、行革本部）といったところで省庁の壁を超えて連携する動きがあるほか（図表21）、各省においてもＥＢＰＭを進める部署を立ち上げる動きも加速している。また、政府の経済財政運営の指針である「経済財政の運営と改革の基本方針」、いわゆる骨太方針においても、ＥＢＰＭへの関心が高まっている。

こうしたなか、わが国では、政府内で一定の知識の蓄積が図られ、ＥＢＰＭとして優良事例もみられつつある。また、筆者のヒアリングによると、省庁によっては人事評価の加点評価にＥＢＰＭの活用が盛り込まれているところや、政策評価等の際には省庁内のＥＢＰＭ担当部署を通すところも出てきている。もっとも、まだ議論に混乱がみられるほか、実務への展開がまだ不十分である。

今後、効果的なＥＢＰＭを行い、ワイズスペンディング（効果的・効率的支出）や無駄のカット

図表21　わが国のEBPM推進体制

所管官庁	内閣府（経済財政諮問会議）	総務省行政評価局	内閣官房行政改革推進本部事務局	各省庁における独自の取り組み
目的	経済財政一体改革	政策の説明責任	無駄の排除	各省庁所管政策の効果検証
対象（注）	政策	施策	事業	各省庁所管政策
具体的な取り組み	改革工程表のKPI等	政策評価法に基づく政策評価	行政事業レビュー	研究所でのレポート等

（資料）内閣府、総務省、行革公表資料等を基に日本総合研究所作成
（注）政策は行政課題を解決するための行政活動の大きなまとまり、施策は政策を実現するための具体的方法、事業は施策を実現するための事務であり行政活動の基礎的な単位となるものである。すなわち、対象範囲は政策が一番大きく、その次が施策、一番最小単位は事業となる（政策評価ガイドラインによる）。

につなげるためには、次の５つの課題への対応が重要となる。

①手法——科学志向か実用志向か

ＥＢＰＭについては学問的厳密性を優先する「科学志向」と、数字的な効果検証ではなくロジックモデル構築などを重視する「実用志向」の二つの考えがある。

一般的に学問的厳密性が高いとされるのはいくつかのＲＣＴ（ランダム化比較試験）[4]を解析したシステマティック・レビューであり、日本の政策でよく用いられる専門家委員会、諮問委員会の類は、データに基づかない場合、エビデンスの質において最下位に置かれて

いる。

こうしたなか、学問的な厳密性を高めることに力を入れるべきとする意見がよくみられる。例えば、ＲＣＴは高度な手法であり、効果測定としてエビデンスの質が高いといえる。実際、米国ではオバマ政権において、幅広い政策分野でＲＣＴを活用した政策実験を行い、実際に政策に取り入れられた。しかしながら、わが国ではＲＣＴを活用するには限界があるといわれる。理由としては、①偏りがないサンプルを抽出するためにコストが多くかかる、②あるグループには政策を実施する一方、あるグループには政策を実施しないことから公平性の問題がある、③後述するデータ整備の問題がある、などである[5]。

一方でわが国では、ＥＢＰＭを幅広く導入するために、経済分析や因果関係分析などを「活用しない」ロジックモデルが幅広く活用されている。ロジックモデルはいわばフローチャートのようなものであり、現場の知恵を整理した実用志向性が高いものであるほか、政策のインプット、アウトプット、アウトカムの動きを整理しており、政策の流れが「見える化」できているというメリットがある。

もっとも、因果関係の分析は行っておらず、経験等をもとにしたものであり、客観的な計量分析に基づくとは言えないものである。データ制約などを考えると、ＥＢＰＭの初期段階としては一定の意義はあるものの、ロジックモデルのみとなれば、客観的な議論にはつながりにくく[6]、恣《し》意《い》的なものとなる恐れがある。

②政府担当部局内での連携

前述の通り、日本では政府内で省庁間連携を進める取り組みとして経済財政諮問会議、総務省、内閣官房の行革本部があるほか、[7]各省庁でも個別の取り組みがある。それぞれには以下の役割がある。

まず、経済財政諮問会議では、経済財政一体改革推進委員会傘下のＥＢＰＭアドバイザリーボードが主導している。経済財政改革のためのＥＢＰＭであり、リーディングケースに絞り、科学的アプローチも志向している。事後評価というよりも、優良事例を選出して、他の政策に波及させることを目的としている。

次に総務省行政評価局では、法律で定められた政策評価に基づくものとしてＥＢＰＭを進めている。政策評価は５００ほどの施策を対象とするが、ＥＢＰＭはその中の一部となる。科学的アプローチを志向している。

また、内閣官房行改本部事務局では、事業仕分けの流れをくむ行政事業レビューでＥＢＰＭの取り組みを推進しており、すべての予算事業（約５０００事業、60兆円）[8]を対象としている。ロジックモデルを中心としており、経済的な分析よりも実務性に力点が置かれている。これら３つは政府全体での取り組みであるが、それに加えて、各省庁においてもＥＢＰＭが進められている。各省庁が担当する政策の効果について検証するものであり、各省庁の担当外の政策については、いかに関連していても、検証が行われない傾向がある。

これらはそれぞれ目的も異なるため、併存する意味はある。一方でそれぞれの連携が十分とは言えない。そのため、省庁間でのエアポケット的な政策には適応できない恐れがある。確かに、行革事務局にＥＢＰＭ推進委員会が設置され、そこは内閣官房副長官補（内政）を会長とし、経済財政諮問会議担当部局、総務省行政評価局、各省庁のＥＢＰＭ統括責任者（政策立案総括審議官等）などが参加しており、ＥＢＰＭに関するメンバーが一堂に会している。もっとも、具体的な取り組みについてはまだ改善の余地がある。

こうした各省庁での連携の乏しさが、連携していれば省略・割愛できたであろう作業を生み出し、省庁の実務担当者においてＥＢＰＭ疲れを起こしている可能性も指摘されている。

③政策パッケージ全体での評価

ＥＢＰＭは一般的に事業ごとや個別効果の検証が多い。例えば、わが国の最近の大きな政策パッケージである「異なる次元の少子化対策」を例にとって検証すると、同対策においては、金額が明示され、包括的な支出メニューが示される一方で、これらのパッケージが少子化に与える影響については十分に分析されていない。さらに、提示しているメニューについても、広く子育て関係の有識者の意見を取り入れた結果、少子化対策に直結しないメニューも盛り込まれている。またＥＢＰＭ分析も進められようとしているが、個別政策の効果分析にとどまっているほか、こども家庭庁管轄の政策に限られている。

④予算への展開

現在のわが国のＥＢＰＭは研究が中心であり、その結果が予算に反映されていない。また、対象範囲が広い行政事業レビューが民主党政権時代の事業見直しからスタートしたこともあり、関係省庁の予算減らしのツールとしてとらえられがちであるため、前向きな活用が遅れているとの指摘もある。また、政策評価がペナルティを科すものと受け取られている面もある。政府内の動きや２０２４年度の「骨太の方針」などをみると、予算に一定の配慮をする姿勢は示されているものの、ＥＢＰＭの優良な分析事例が予算に直結するかはまだ明確ではない。

⑤実務的な問題点

実務上の問題点も山積している。具体的にはデータベース、人材、費用対効果である。

ＥＢＰＭはデータ分析である以上、データが必要である。例えば、医療分野においてレセプト情報などは非常に有意義であり、多くの分析が行われている。一方で、これらのデータを蓄積している厚生労働省のデータベース（ＮＤＢ）ではデータ抽出量が増加しており、データ提供に1年近くかかるようになっている。政府は数週間から数カ月に短縮することを検討しているが、その体制構築に4～5年かかるとしている。欧米では統計情報だけでなく、行政情報を活用した分析が行われており、行政情報の活用を進めていく必要がある。[9]

また、人材についても、政府部門だけでは足りなくなっている。確かに、行革本部事務局において、伴走型支援ネットワーク、ＥＢＰＭ補佐官制度、政策設計ラボなどの対応があるものの、これらは発足してから日が浅いほか、登録されている人材も経済学者や官庁関係者を中心としているため、総数として少なく、人材不足の解決にはまだ道半ばである。

政策を実施する際には、効果の数字のみ検証されるが、その政策に対する費用についてもみていく必要がある。例えば、特定保健指導について、厚生労働省は、医療費適正効果は約２００億円あるとする一方、同事業の費用は国庫ベースでほぼ同額の２００億円としている。[10]これだけではもちろん不適切とは判断できないものの、政策の費用対効果の検証の必要性を示唆しているといえる。

これらの課題については、次章でまとめて解決策について考えてみたい。

6　財政破綻の怖さ〜戦後の預金封鎖・財産税の経験

財産税とは何だったのか

さて、わが国の財政が厳しく、財政破綻についても真剣に考えなければならない状態になっていることは論をまたない。そこでわが国がかつて経験した事例について述べたい。

それは第二次世界大戦敗戦後のわが国政府の対応である。第二次世界大戦では敗戦の前年の日本政府の債務のGDP比は現在とほぼ同じ水準である。しかも当時の国債は、ほとんどが内国債で、国内で消化されていたということも、現在と似たような状況になっている。そして敗戦で事実上の財政破綻状態に陥り、その際は、内国債の元本欠損や利払い停止といった債務不履行に相当する事態はかろうじて回避したが、その代わりに導入されたのが財産税などの国民に苛烈な負担を与える、国内債務調整であった。

1945年9月ごろから大蔵省内部で、専門の財政学者等を交え具体的な対応策が検討された。そして①営業及び国有財産払い下げ、②財産税等の徴収、③債務破棄、④国債の利率引き下げ等が選択肢に上がった。そして政府の判断として「取るものは取る。返すものは返す」という原則に象徴される対応が決定されていくことになった。具体的には一度限りであるが、空前絶後の大規模課税として、動産、不動産、現預金等対象に財産税をかけるものである。そして税率は25〜90％という非常に高いものであった。

そしてその財産税収を主な原資に内国債の可能な限りの償還が行われた。それによって、内国債の債務不履行という事態は回避された。そして戦時中に国民に対して政府が支払うと約束した戦時補償債務の切り捨ても断行した。これは戦時中までに、民間企業等が政府に対して納入した物品の代金や提供したサービスの代金の支払いを政府側が同額課税を行って相殺するというものである。つまり、政府が納入業者への支払いを踏み倒すということだ。

それでは財産税とはどういうものであったのか振り返ってみたい。課税対象は、預金封鎖実施直後の1946年3月3日の現在の同居家族を含む個人資産であり、不動産等よりは預貯金や保険、株式国債等の金融資産が多くを占めるものであった。課税財産価格の合計は1946年度の一般会計予算額を超える規模に達した。そしてその保有する財産の大小にかかわらず、つまり貧富の差にかかわらず、財産税の納税義務者になった。なお税率は前述の通り、累進課税であり、裕福な人ほど税率は高くなったが、税収総額については、中間層からの税収が最も多い形になっており、富裕層だけに限定したとみるのは早計である。そしてこの政策を実施するにあたっては、預金封鎖も行われた。

預金封鎖とは銀行からの現金引き出しを抑制、禁止するものである。当時はこれにより、預金口座からは日々ギリギリ生活できるレベルの金額しか引き出せなくなった。そして預金封鎖は、国民にとっていわば不意打ちの形で実施された。それは財産税課税のための調査の時間を稼ぎつつ、課税資産を国が先に差し押さえできるようにするためであった。一方で、金融機関再建整備法及び企業再建整備法が実施され、戦後復興を支える民間企業については支援するといった形がとられた。それはこうした企業が倒産すると経済社会全体がさらなる崩壊に追い込まれると判断したためとみられる。

第二次大戦後の動きからの教訓

この事例から、当社の河村小百合主席研究員は著作『日本銀行　我が国に迫る危機』のなかで現在への教訓を示している。これをベースに私なりの考えも加えて、現在のわが国への教訓を考えてみたい。

①　国債の大部分を国内で消化している場合には、国債の利払い停止などの債務不履行は、国債を多く保有している民間金融機関の経営破綻につながる可能性がある。金融システムの崩壊につながれば、経済社会がさらに崩壊していくことが発生するため、その道を防ぐような行為が行われる可能性がある。国民に負担を負わせるのか、金融機関に責任を負わせるのか、

非常に難しい判断を政府は迫られることとなる。

② 大規模な財政運営が行き詰まった一方、国債が国内で消化され、国民が多くの貯蓄を保有している場合、所得課税・法人課税・消費課税といったフローの課税だけで財政運営の穴埋めができない時は、異例の大規模な資産課税に踏み切らざるを得なくなる。

③ 大規模な資産課税による場合には、課税資産の流出を防ぐため、預金封鎖を先行させて後から課税するという手段が考えられる。その際、通貨交換を同時に実施すれば、タンス預金による抜け道を防ぐことも可能になる。

④ こうした一連の対応もあくまで国会の議決を経て実施されるのであれば、日ごろ実施されている通常の課税と同様の手続きであり、財産権の侵害には相当しないとの意見がある。一方で、現行憲法下では預金封鎖から財産税課税のような財産権の侵害はできないという意見もある。その点では法的な見解はまだ確定しておらず、政策当局は難しい判断に迫られる。

⑤ 財政維持には、高インフレが相当に進行していたとしても、先行きインフレでどの程度、政府債務を帳消しできるか、あらかじめわかるものではなく、現実の問題として、預金封鎖や前述の大増税等の債務調整に踏み切ることも考えられる。そもそも大規模課税が実施されなくても、高インフレが進行する場合には、事実上の借金踏み倒しとなることにも留意が必要である。

この章のまとめ

▼インフレは財政好転、金利上昇は財政悪化要因である。インフレ時には税収が増えるが、金利の影響は後になって顕在化する。しばらくは税収のボーナス時期であるが、それは一時的である。長期債務残高（国＋地方）は増加を続け、足元では名目GDPの2倍を超える水準である。金利の上昇で利払い費は増加が避けられない。足元の普通国債の平均残存期間は10年弱であり、金利上昇がただちに大幅な利払い増とならないにしても、時間の経過とともに、大半は高い金利での借り換えを余儀なくされる。

▼財政再建や格差是正に向けて資産課税の議論が出てくる可能性がある。実際、ピケティは、「導入は困難であるものの、公平性を確保できる手段」としている。財政学者などにも理解者は多い。もっとも、こうした税制は資産価格を大幅に低下させてしまうリスクがあり、適切な制度設計が求められる。

▼財政再建の観点からＥＢＰＭ（証拠に基づく政策立案）への関心が高まっている。もっとも、まだわが国はＥＢＰＭ後進国であり、手法、政府内の連携、パッケージとしての評価、予算への展開、実務的な課題など、問題が山積している。その解決に向けて対応が必要である。

▼かつてわが国では、第二次世界大戦後、財政破綻の危機に直面した。その際、預金封鎖や過酷

な財産税等で国債のデフォルトは避けたものの、国民生活は厳しいものとなった。その経験を忘れてはならない。

▼財政再建には、高インフレで対応できるという意見もあるが、先行きインフレでどの程度、政府債務を帳消しできるか、あらかじめわかるものではなく、現実の問題として、預金封鎖や前述の大増税等の債務調整に踏み切ることも考えられる。そもそも大規模課税が実施されなくても、高インフレが進行する場合には、事実上の借金踏み倒しとなることにも留意が必要である。

1．コロナなどで世界的に低金利となる一方で、不動産や株価の高騰が続くなか、オランダでは反発が強くなり、この租税の不公平性について裁判が提訴されている。

2．日本における長期的かつ安定的な税制と税務行政の確立を図るため、1949年にシャウプ使節団が来日。シャウプ勧告は、経済の安定、長期的・安定的な税制、均衡のとれた公平な税制、地方自治確立のための地方財政の強化、強力な執行体制の整備等、国税・地方税を通した税制や税務行政全般にわたるものであり、戦後税制の基本となった。

3．日本では、1922年に政府の臨時財政経済調査会答申において、また1937年の馬場税制改革案において所得税を補完する位置づけで富裕者の財産額に課税する財産税が提案されていたが、実現せず。そして敗戦後の占領下においてシャウプ勧告がその税制改革案の中で純資産税たる富裕税を提案して、1950～52年度の3年度間、富裕者に対する純資産税が日本で初めて実施されることになった。

4．RCTとは、被験者を無作為（Random）に2群以上に分けて、あるグループには政策対応を行わず（対照群：Control group）、他のグループのみに政策対応を行い（処置群：Treatment group）、事後にこのグループを比較することで、その効果を確かめる方法。両方とも乱数等で無作為に対象者を抽出することから、極力ノイズを減らして実験できる方法として注目されており、2019年には、貧困問題についてこの手法を用いたマサチューセッツ工科大（MIT）のアビジット・バナジー、エステール・デュフロ、ハーバード大学のマイケル・クレマーの3氏にノーベル経済学賞が授与された。それ以降、学術界での関心も一層高まっている。

5. 米国でもRCTについては、①コストの問題、②政策を適用する人としない人に分けることによる倫理的な問題、③効果有り無しはわかっても、効果の原因が判断できないなどの批判から、絶対視することについて反論もみられる。

6. EBPMは本来エビデンスベースであるが、ロジックモデルのままであると、担当者の経験などの体験談で政策が作られ、EBPMがEpisode-Based Policy Makingになるとの批判もある。

7. これら3つの部局の取り組みはアベノミクスにあやかり、EBPMの三本の矢と呼ばれている。

8. 予算総額から、国債費と地方交付税交付金、事務的経費等のレビュー対象外経費を除いたベース。

9. 欧米の経済学会では、官庁エコノミストが政府保有の行政データや税務データを活用した分析を多く発表しており、行政データの活用は当然となっている。

10. 内閣府経済財政一体改革推進会議　EBPMアドバイザリーボード　第8回議事要旨より

第7章

我々は何をすべきか

「金利のある世界」の歩き方

1

企業再編は必須であり、それに向けた制度対応を急げ

事業継承のための法整備が進む

前述した通り、日本の企業部門はバブル崩壊以降、借入金を減らし、金利上昇リスクを小さくすることを進めてきた。また、産業構造の変化等から、企業部門全体としては金利引き上げの影響は小さいと考えられる。しかしながら、詳細に見ると、状況は異なる。不動産のように借入金が多いセクターも存在しているほか、中小企業の方が大企業よりも一般的に財務指標は悪い。そのため金利に悪影響を受けそうなセクターについては一定の対応をしていく必要がある。

その際、重要なことは、過度な保護政策ではなく、競争を保ちながら、企業の人材や技術力が継承されるといったスキームを考えるべきである。つまり、破綻されるべき会社は市場から退出する一方、失業を回避し、企業のノウハウなどが散逸しないような仕組みを考えていく必要があるだろう。

また、再編に当たって重要なのは、事業承継の推進である。日本の企業の社長の平均年齢が60

歳を超えるなか、事業承継を進めることは、喫緊の課題である。２０２３年における全国の後継者不在率は改善傾向が続いているものの、53・９％とまだ50％を超えている。確かに事業承継については、一定の法制度も整備されているほか、銀行も支援体制を強化するなど、以前よりは対応が進んでいるといえる。しかしながら、これから発生する大事業承継時代に制度や金融機関の対応が十分なのかをきちんと見ていく必要がある。そして、その上で対策を講じることが重要だ。

さて、過剰な債務を抱える企業の事業を再生する手段には、裁判所が監督する法的整理と、裁判所が関与せず債務者と債権者が交渉する私的整理があるが、最近の動きに関して、注目されるのが、私的整理の法制度見直しである。新聞報道等によれば、経済産業省は経営難に陥った企業の債務を債権者の多数決で減免する新たな私的整理の法制度を検討する予定である。

法的整理より簡便できるのが私的整理のメリットであるが、事業再生ＡＤＲ（裁判以外の紛争解決）をはじめとする私的整理はすべての債権者の同意がなければ債権の放棄などができず、再生の見込みがあっても時間がかかることがあり、私的整理のメリットを生かすことができないことも多い。そうした批判があるなか、経産省は多数決で迅速に整理を進める制度を作ることとしている。具体的には、対象の債権者が多数決で事業を再構築する計画を決め、裁判所の認可を経て計画に効力を持たせる仕組みを想定している。弁護士や会計士などで構成する第三者機関が手続きを監督し、裁判所の認可に異議申し立てもできるよう措置する。そして、早ければ２０２５年の通常国会に法案の提出を目指すとのことである。

海外でも同様に、企業再生を円滑に進める制度改正が進められている。例えば、ドイツは２０２１年１月、倒産前の企業について、裁判所の限定的な関与のもと、多数決で私的整理できる手法を導入している。

金融面からのサポートも

金融面では、金融庁も新たな動きを示している。まず金融機関向けの監督指針[1]を改正し、中小企業支援の軸足を資金繰りから経営改善支援や事業再生支援に移していく方向にスタンスを変えている。また、金融庁は企業の事業承継を円滑に進めるためにＭ＆Ａ（合併・買収）支援を強化するよう促すことも検討している。後継者不足が深刻な地方を拠点とする地銀などを念頭に、Ｍ＆Ａ先の企業紹介から買収後の統合支援まで担うことを求めるものである。加えてＭ＆Ａの障壁となりうる企業の経営者保証を解除するための方法の提案も促進していく予定である。現在、企業が事業譲渡をする際、債務に経営者保証がついていると、スポンサー企業が買収を思いとどまるケースがあることを考えると、こうした対応は事業承継を加速させる意味があると考えられる。

なお、こうした動きは金融機関側にもみられる。担保や個人保証に依存せず、顧客の事業性を評価した融資を進めようという機運が高まっている。例えば、商工中金は、２０１６年に不正融資問題が発覚したことにより、ビジネスモデルの抜本的な見直しが求められることとなったが、そのなかで掲げられたのが、事業性評価や課題解決型提案業務の強化であった。

その結果、貸出残高のうち、これらの分野関連の貸出シェアは、２０１９年度末の16・９％から２０２２年度末に26・０％まで拡大したほか、経営者保証なしの融資比率も２０１８年度末の36％から２０２１年度末に61％に上昇した。商工中金については、２０２５年にも民営化されることになっている。民営化後も、こうしたビジネスモデルを展開できるのか、また他の金融機関に波及していくのかが注目される。

2 円滑な労働移動に向けた環境整備が不可欠

「キャリアを選択する」時代へ

事業再編等の動きが加速するなか、人材の流動化も進むとみられる。こういった場合、わが国では既存の企業や雇用を守るような対応が進められてきた。しかしながら、こうした保護主義的な対応では、生産性向上などは望めない。セーフティネットを確保しながら、低収益・低賃金の企業が市場から撤退することを進めていく必要がある。そして同時に、規制緩和や最低賃金の引き上げなどを通じて、人材が高収益企業に流れていくようにしていくべきだろう。

こうしたなか、企業においても、人材戦略を強化していく必要がある。政府は、2023年5月に成長分野への労働移動の円滑化などを柱とする「三位一体の労働市場改革の指針」を発表しているが、金利のある世界となるなか、企業や産業の優勝劣敗が明確化する可能性が高い。そうしたなか、衰退する産業から成長する産業に労働者が円滑に移動するのを支援していく必要がある。

そのためには雇用に対する考え方を企業・労働者側ともに変えていく必要がある。実際、働き方は大きく変化している。これまではわが国のビジネスパーソンはメンバーシップ型の考え方の下、「キャリアは会社から与えられるもの」という意識が強かった。そして、バブル崩壊・再生、経済のグローバル化などの影響から「一人ひとりが自らのキャリアを選択する」時代となってきた。ジョブ型の世界においては、職務ごとに要求されるスキルを明らかにすることで、労働者が自分の意思で職務を選択できる制度に移行していくことが求められる。

労働移動のための条件

円滑な労働移動の実現には、新たなスキルを習得するリカレント教育が重要である。もっとも、それだけでは不十分で、当社の安井洋輔主任研究員は以下のように、リカレント教育を取り巻く制度も改革する必要性を指摘している。

第一に、職業情報の見える化である。例えば、米国の O*NET OnLine では、約1000の職業について職務内容や雇用見通し、賃金分布（時給・年収）が把握できる。一方、日本版 O*NET である job tag では、約500の職業しかないほか、雇用見通しは存在していない。賃金情報についても各職業の平均年収しか把握できない。job tag の機能を拡充することで、より多くの職業の仕事内容や賃金水準、求められるスキルについて人々が容易に把握できるようになる必要がある。とりわけ職業別の時給・年収分布の提供は急務である。

また、リカレント教育の支援も不可欠である。現状、多くの社会人向け講座の内容は、資格試験対策などとなっており、実務に直結するスキルを手に入れたいとする就業者ニーズと乖離《かいり》している。こうした課題を解決するにあたっては、様々な手法が考えられるが、安井氏は一例として「地域の労使や大学、地方自治体、さらには厚労省・文科省・経産省などから成る『地域リスキリング協議会』（仮称）を設立し、地域の就業者ニーズを的確に反映した講座が作られる仕組みを構築する必要がある」としている。また、専門実践教育訓練給付金制度の指定講座の分野・提供地域の偏りや使い勝手の悪さを改善することも重要である。

第二に、ジョブ型雇用の導入の促進も重要である。働き方改革関連法の施行により同一労働同一賃金が適用されたが、実際には、同一職業における正規・非正規間の時給格差が残存している。具体的な課題としては、第一に、同一労働同一賃金（雇用形態にかかわらない均等・均衡待遇）の不徹底、第二にメンバーシップ型雇用の下、わが国企業において多くの従業員は他の企業での勤務経験がなく、主体的にキャリアを形成していくマインドが乏しいことなどがあげられる。こうした課題への対応として、厚労省は、機能が拡充された job tag による時給情報を用いて、待遇格差の是正を勧告することも重要であろう。

また、企業は従業員の「囲い込み」体質から脱却し、長時間労働の是正や兼業・副業の解禁を進めることで、従業員が企業を超えた職業コミュニティを形成できるように努めるべきである。さらに、退職金や企業年金（3階部分）など「後払い賃金」制度を見直すことで、過度な長期勤続のインセンティブ構造を変えることも重要である。企業にとっては不利益が生じる変革であるものの、産業構造の転換が進むなか、労働移動の阻害要因を取り除くことは経済成長にとってはプラスになると考えられる。

また、人口移動については、高度経済成長の経験も示唆に富む。1955年から1973年の高度経済成長では、日本の労働力には二つの大きな変化が生じた。一つは地域間の労働移動であり、もう一つは労働力の産業構成の変化である。具体的には「民族大移動」とも形容された、農村部から都市部への人口流入と、農業から非農業への急激な労働力の移動が同時に生じたことである。

今後については、リモートワークなどが定着し、東京一極集中の弊害があるなかでは、都市部への集中の必要性は以前より低下したといえる。こうしたなか、地方でも生産性の高い産業を地場産業にしていくことは可能になりつつある。一方、低生産性分野から高生産性分野への労働の移動の必要性は今も高いといえる。また人材の流動性が高い国の方が生産性が高いとの分析もみられる。金利のある世界によって、企業の世界に変動が生じた場合、速やかに労働者が移動できるようにしていく必要がある。

3 生産性向上が必須〜企業・金融市場・政府の一体となった取り組みの必要性

厳しくなる投資家の目

また、金利が上がれば当然ながら投資家の目線も変わってくる。つまりリスク資産投資を控えて、安全資産に投資をする投資家が増えてくる。このようになってくると、企業側は収益率を高めなければ投資家から投資されないようになっていく。つまり生産性を上げていくということが企業の資金調達にとって重要になっていく。

例えば、製造コストの何倍の価格で販売できたかをみるマークアップ率は、交易条件と労働生産性どちらにも関係する指標であるが、米国や欧州企業は、2010年頃は米国が約1・3倍、欧州が約1・1倍であったが、足元では米国が約1・6倍、欧州が1・3倍と急速にマークアップ率が上昇している。日本企業は2010年以降1・1倍前後で横ばいとなっている。コスト競争ではなく、高付加価値化を推し進め、高価格で販売して利益率を高めることが重要である。

企業が生産性を高めていくには、資本市場側からの働きかけも重要である。例えば、東証はPBR1倍割れの企業に対して、自社株買いや増配といった対応ではなく持続可能な形で収益力強化を求めたが、それ以降、株価は上昇傾向となっている。引き続き東証改革を進めることで、企業の収益性や効率性が高まっていくことを期待したい。

そして政府のサポートも重要である。もっとも、生産性向上に向けた政策立案・実行は多くのケースで困難を伴う。理由は、①生産性の引き上げに有効な政策手段が明確でないこと、②規制緩和など市場の非効率性を是正するような改革は得てして政治的反発に阻まれやすいことなどである。こうしたなか、生産性向上策を円滑に立案・実行するための試みとして、近年、各国では政策の分析や提言に特化した諮問機関を設立する動きがみられる。

諮問機関の設立で、生産性を高めよ

最近では、2016年に欧州委員会（EU）が各加盟国に対して「国家生産性委員会（National Productivity Board)」の設置を求めるなど、欧州や中南米、オセアニア地域を中心に同様の機関を設立する事例が増加している。こうした機関の多くは政府から一定程度独立しており、生産性向上に資する客観的な分析や政策提言などを実施しているが、とりわけ、オーストラリア生産性委員会（豪生産性委員会）はとりわけ高い評価を得ている。その概要については、当社の後藤俊平研究員のレポートに詳しいが、そのエッセンスを紹介したい。

豪生産性委員会は、他国に先がけて設立されたこともあって、多くの国でモデルケースとされている。生産性向上が長年の課題となっているわが国でも、豪生産性委員会の活動内容は多くの点で参考となる。豪生産性委員会では、政府や財務大臣の諮問に応じて公開調査を実施するといった調査機能があるほか、行政サービスの評価・モニタリングや競争中立性に関する苦情申し立てへの対応といった非調査機能がある。

豪生産性委員会は企業の開廃業や知的財産権に関する規制の見直しなどを対象に政策提言を実施するほか、エビデンスに基づく分析等の観点から高く評価されている。国際的にみてもＯＥＣＤが公表している「規制政策とガバナンス指標（Indicators of Regulatory Policy and Governance)」において同委員会は高い評価を得ている。具体的には、同指標は、規制ガバナンスを構成する「事後評価」「規制影響評価」「ステークホルダー・エンゲージメント」の3項目について、その実施状況を評価した指標であるが、これによると、オーストラリアは、政策の「事後評価」のポイントがOECD諸国のなかで最も高いほか、「規制影響評価」や「ステークホルダー・エンゲージメント」も上位に位置している。

このように豪生産性委員会の取り組みは国内外で高い評価を得ており、生産性の向上に一定程度の効果を発揮している。こうした成果は、専門的知見に基づく客観的な分析が評価されていることや、幅広い国民が政策形成に参加できる仕組みづくりなどが土台になっている。

一方、わが国では、生産性よりも政府支出の拡大や緩和的な金融政策の方が重視されてきた傾向がある。さらに、生産性向上に対する国民的な関心も低い。実際、本来生産性とは、一人当たりの付加価値を議論すべきであるが、わが国では「一人当たり何個作れたか」といった目線で議論されることが多く、これが利益なき繁忙につながったことも否めないであろう。

生産性委員会は、生産性向上に向けた万能薬ではないものの、構造改革に向けた社会的合意形成に不可欠な議論の材料を広く国民に提供する。わが国でも、専門的な知見に基づいた定量的な分析をベースに、国民全体を巻き込んだ政策形成を実現するためにも、国としての喫緊の課題である生産性向上に特化した諮問機関を設立することは検討に値しよう。また政府主導でこのような組織が作られた場合には、民間の様々な団体や企業との連携なども重要な視点となろう。

4
移民を考える
～単なる労働者ではなく、生活者の視点で

人手不足が深刻化するなか、移民に対する関心も高まってきている。確かに移民によって新たな労働力が入ってくれば企業としても一息つけることは事実である。しかしながらこの対応には様々考えなければならないことがある。まずは日本にこれからどれだけ移民が来るかという問題である。今や世界中で、エッセンシャルワーカーを中心に人手不足が深刻化している。

そして移民側も当然ながら賃金が高い国に行く傾向がある。今や世界的に見てわが国は物価や賃金が安い国となったが、どれだけ優秀な移民が来るかは不透明なところがある。

また短期的な要因と長期的な要因を考える必要がある。ＩＭＦの分析などによれば、短期的には移民は生産性を上げることが指摘されている。そして移民は基本的に労働力として来ており、社会保障関係で政府の負担が多い幼児期や高齢期には来ない。つまり移民が来た段階では経済や財政にとってプラスになることが多い。

しかしながら彼らも時間が経てば家族を持ち、いずれ高齢化する。そうなってくると、移住先

での社会保障に頼ることが出てくる。もっとも、わが国では外国人に対する社会保障制度が確立されているとは言えない。移民の数が増えてくれば、彼らに対するセーフティーネットを充実すべきという意見も出てくるだろう。つまり長期的には財政にも負担が生じる可能性があるということである。

かつて大量の移民を受け入れてきたスイスの作家であるマックス・フリッシュが50数年前に「我々は『労働力』を呼んだが、やってきたのは『人間』であった」と言った。それは移民を受け入れる際には労働力としてしか見ていないが、彼らには各々の生活や文化があり、それが必ずしも移民受け入れ国にもともと住んでいた人々にとって受け入れられるものとは言えない。実際、欧米では、それが原因で移民について様々な反発をもたらすこととなっている。そこまで考えた対応がない限りにおいては、移民を増やすと言うのは、将来的な禍根を残す可能性がある。

先般のG7でも、移民については様々な議論があったが、欧米の議論を見る限り、移民については、どこの国においても十分に対応できていないと考えている節がある。各国の状況を見て冷静に対応することが重要である。

また移民に頼ることで、日本企業がDXや省力化投資を増やさないことも懸念となる。設備投資率が高いほど、一般的に生産性は上がる。この観点からも移民ではなく、設備投資で人手不足を乗り切るのが正論ではないだろうか。

また、移民と生産性についてはもう1点考えなければならない話がある。それは生産性が高いセクターには地元の人間が、生産性が低い分野に移民が流れる可能性があるということである。弊社では2024年4月にオーストラリア国立大学と共同シンポジウムを開催したが、その際、オーストラリア側からこのような指摘があった。それは「低賃金かつ低生産性セクターの労働を移民に押し付けて、自国民だけが豊かな生活をするということが許されるのであろうか」という道徳的な問題である。欧米では、入り口の外国人受け入れ政策と、受け入れ後の定着に関わる社会的統合政策の二本立てとなっており、その両面から真剣な議論がされている。一方で、移民については、まだわが国では十分議論されているとは言えない。様々な角度から真剣に議論することが重要である。

5 産業政策に積極的にかかわる各国政府

岸田政権ではこれまで、マクロ経済運営の基本的な考えとして、「市場や競争に任せるだけでは過少投資となりやすい分野について、官が的を絞った公的支出を行い、これを呼び水として民間投資を拡大」「官と民が協働して社会課題を解決しながら、それを成長のエンジンとして持続的な成長に結び付けていく」との考えで政策を進めてきた。これは、いわゆるモダン・サプライサイド・エコノミクス（ＭＳＳＥ）の考えを岸田政権の経済運営の指針にしたといえる。

ＭＳＳＥは、米国のイエレン財務長官が提唱し、昨今、世界中の経済論壇で注目されているものである。かつてのサプライサイド経済学（ＳＳＥ）と比較すると、供給サイドを重視しているという点では共通しているが、ＳＳＥは新自由主義、小さな政府を標榜するものだったのに対し、ＭＳＳＥは政府の役割を重視している。具体的には、ＭＳＳＥは人的資本、公共インフラ、研究開発などに優先的に政府が投資を行うことで供給力の強化を通じた経済成長の実現を目指す。同時に、所得格差や環境破壊等の構造問題にも政府の力を活用することで成長と社会課題の解決の両立を図るものである。また、供給重視という点が、需要刺激策のケインズ経済学と異なるところである。

この考え方は欧米の経済界でも強まりをみせている。弊社でも多くの海外エコノミストと会うが、同種の発言をよく聞くようになっている。わが国では、産業の国際競争力が低下してきており、供給力を強化して、成長性を高めることには意義があると考えられる。また、脱炭素社会への対応などの新たな課題も抱えている。こうしたなか、市場任せにできない領域にターゲットを絞って、政府の財政支出を呼び水にして民間投資を促すことは理解できる。一方で、財政の積極活用は往々にしてバラマキとなりやすい。米国ではＭＳＳＥではなく、ＭＥＳＳＹ（散らかる）となるのではないかという皮肉が聞かれているが、そのリスクはゼロとはいえない。

であるからこそ、きちんと対象を絞った対応が求められる。経済安保やサプライチェーンの安定化などに資するようなものについては、国が一定の支援をすることは十分に意味がある一方で、国の資金が無駄遣いされないように監視をする仕組みも求められる。産業の新陳代謝をうまく高め、企業の大規模化を進めていくことが重要である。前述の通り、金利が高くなって、社会課題の解決や国益に関するビッグプロジェクトが進められなくなる可能性があるなか、こうした分野においては政府が積極的に関与して、民間の力をうまく引き出していくことも重要であろう。

また、産業政策の観点からは、スタートアップの育成も進めていくべきである。しかしながら、金利が上がっていくとスタートアップ企業の破綻なども増えていく。一定の破綻は仕方がない面もあるが、スタートアップ業界全体が縮小してしまわないように、市場としての厚みを増していくことも重要である。また、ＭＳＳＥが対象とするような分野は大学発スタートアップがリードしていくことも考えられる。大学発スタートアップであるディープテックについては、基礎研究もあるため、国が支援していく必要性は大きい。産業政策に巨額の財政資金を投じるのであれば、海外の動向をつぶさに分析して、イノベーションを多く生み出す分野に集中していくべきであろう。

6 変化を迫られる金融機関

金利を商売のタネにしているのが、まさに金融機関である。そうなれば、金利のある世界においては、金融機関こそがビジネスのスタイルを変えていく必要がある。当社の大嶋秀雄主任研究員などの研究を踏まえると、今後、銀行に求められる取り組みとしては、大きく以下の二つがあると考えられる。

①金利から波及していく他のリスク（信用・流動性・市場）への対応

一つめとして、当然ながら、金利上昇に伴うリスクへの対応を急ぐ必要がある。先述の通り、金利上昇に脆弱な企業も一部存在することを踏まえ、本格的な金利上昇に先んじて、信用リスクへの対応を強化する必要がある。先を見て機動的に必要な貸倒引当金を積むといった対応も検討すべきであろう。さらには借入比率が高い企業に対して、金利や財務リストラのアドバイスをするといった対応も急ぐ必要がある。

信用リスク以外についても、金利上昇局面では、貸出や預金の金利戦略が預貸金ビジネスの収益を大きく左右する（戦略リスク）ほか、預金獲得競争の激化によって預金が流出するリスク（流動性リスク）もあり、安定的な預金確保に向けた取り組みも重要となる。また、過去の金融の歴史を振り返れば、市場リスクへの対応も重要となる。例えば、米国では、前述の通り、S＆L危機というのがあったが、これは不動産融資の失敗が招いた金融危機である。その前段階として、証券会社によって市場金利連動型投資信託（MMF）が開発され、銀行の預金は急激に証券会社に流出していったことがあったことを忘れてはならない。この証券会社の高金利商品に対抗するために、商業銀行と貯蓄金融機関に市場金利連動型定期預金（MMC）や短期市場金利預金（MMDA）の取り扱いが認められ、米国の預金金利が完全に自由化されたため、競争が激化し、S＆Lが不慣れな住宅ローン以外の不動産融資などにまい進したのである。

また、コロナ禍以降の金利上昇局面でも、シリコンバレーバンクが米国債や不動産を担保としたモーゲージ証券（MBS）の運用に失敗して巨額の損失を抱えた。同様の事態が円債で起きる可能性は否定できない。また、シリコンバレーバンクでは、SNSで「シリコンバレー銀行が危ない」という情報が一気に拡散された。ネット時代の流動性確保策という新たな問題が金融機関に突きつけられている。さらに欧州の大手行のクレディスイスは経営難に陥り、UBSに救済合併されたが、こうした米中堅銀行の破綻を受けた金融不安が飛び火したことで懸念が高まったことも一因である。金利リスクが国を超えて波及する恐ろしさも認識する必要があるといえよう。

もっとも、金利があること自体は銀行ビジネスにとってプラス面の影響が大きい。実際、金利を下げすぎると、金融機関の預貸金の利ざやが縮小し、金融仲介機能に悪影響を及ぼすことから、経済にとってむしろマイナスになるという考え方がある（リバーサル・レート）。リバーサル・レートはどれくらいかは国によって異なり、正確な水準も推計が難しいものの、ゼロかわずかなマイナス近辺がリバーサル・レートであったと考えられる。金利の上げ方がマイルドであれば、金融機関も対応が進み、金融セクター全体としては利益を受けるだろう。一方で、個別金融機関では、前述したような失敗は起き得るほか、状況によってはシステミックリスクに波及する可能性もある。金融庁・日銀は連携を密にして対応していく必要がある。

②企業や家計における「金利のある世界」への備えの後押し

二つめは、企業や家計における「金利のある世界」への備えの後押しである。先述の通り、企業・家計全体ではそれほど債務負担は大きいわけではないが、債務返済能力が乏しい企業や住宅ローンの返済負担が重い家計が存在するのは事実であり、そうしたところでは、金利の上昇によって資金繰りに支障を来たす恐れがある。銀行には、段階的な利上げを想定して、そうした企業や家計における金利上昇への耐久力向上を促していく必要がある。

これまで、低金利環境の長期化によって中核の預貸ビジネスの収益性が著しく悪化するなか、銀行の業務範囲規制の見直し等もあって、銀行セクターではビジネスモデル改革が進められてきた。今後、日銀の金融政策の見直しによって本格的な金利上昇局面に入ったとしても、ビジネスモデル改革の手綱を緩めてはならない。

金利上昇局面は一般的に銀行に有利である。もっとも、貸出金利は顧客との交渉で決まるものであり、単純に銀行の収益が改善するわけではない。有望な融資先を顧客にしている金融機関にはチャンスがあるものの、そうではない銀行にとっては逆に厳しくなる展開も予想される。返済能力に課題のある投融資先の収益力強化・生産性向上などを後押しするためには非金融面を含む多様なサービスの提供が重要となる。また、多様なサービスを組み合わせて貸出ビジネスの付加価値を高めることができれば、貸出金利を適切な水準に引き上げやすくなり、金利上昇のメリットも享受しやすくなる。

加えて、近年は、ＤＸ（デジタルトランスフォーメーション）・ＧＸ（グリーントランスフォーメーション）の推進や、人手不足への対応、資産形成の定着といった、様々な経営課題・地域課題の解決に向けて、銀行に支援者としての役割が期待されている。こうした期待に応えるためには、非金融分野のサービス強化を含めたビジネスモデル改革を一段と進める必要がある。そのためには、銀行の業務範囲を定めている銀行法等の金融関連の法制度の見直しも進めていく必要があるといえよう。

7 家計部門では格差問題が大きな課題

前述の通り、家計資産が大幅な資産超過であるなか、トータルでは金利上昇はプラスである。一方で、金利のある世界においては、資産の有無・負債の規模で格差が生まれる。そのため、格差対策を急ぐ必要がある。

なぜ格差が問題なのか、当然ながら公平性の問題がある。人々の平等性は確保される必要がある。機会の平等はもちろんのこと、結果についてもある程度の平等性は確保していくことが人道上当然と思われる。さらに、資産や所得格差が広がれば、社会不安などさらなる問題に広がってしまうリスクがある。

一方で格差が大きいと成長率が低下するというマクロ経済の議論もある。つまり多くの人々が論じるような社会的な問題だけではなく、マクロ経済への負の影響という観点からも解決が必要とする議論が世界で進んでいるのである。

では、どのような議論があるのだろうか。一つは所得分布が偏ると経済を刺激する効果が弱くなることである。高所得者層であっても、基本的には通常の生活を営んでおり、全体としてみれば、所得を消費に回す割合が低い。一方で、低所得者層は、その名の通り、「低所得」であるため所得制約が効いて消費ができない。そのため所得格差が拡大するほど、「お金があって、使い切れない人」と「使うお金がない人」の二通りに分かれてしまう。この経路が働く場合は上位層の所得が増えても景気は刺激されていかなくなる。

二点目は、金融資産が富裕層に集まり、中低所得者層の資産形成が進まない場合、中低所得者層は借り入れが増えてしまうという問題である。一方で、富裕者層は基本的には借り入れをしない。仮にしたとしても、自分の財産を守るための税金対策などの場合が多い。その結果、格差の再生産が行われる。特に住宅価格が低下すると中所得者層のバランスシート制約が厳しくなる。経済全体の低成長と格差拡大という厳しい状況に追い込まれる。

三点目は低所得者層が十分に教育を受けられないということである。近年、公教育の問題が深刻化するなか、私立学校や塾などの形で教育にお金がかかるようになっている。また、米国などでは良い学校のある地域に人々が住むようになり、問題を抱える学校がある地域には低所得者層が住むようになっていく。そうなると高所得者層は同じような所得水準で固まり、彼らがより良い学校に行くということになる。その結果、所得格差＝教育格差となってしまう。また、最近の医学関係者などからは、低所得であると低栄養になり、低栄養は学習効果を下げるという意見も示されている。つまり、低栄養も教育格差につながる要因である。格差が広がってしまうと、国全体として、有能な人材が増えなくなり、それは供給力を下げることとなろう。そして、国全体の成長率を長期的に下げることが懸念される。

8 少子化は、住宅費や教育費の負担が高いゆえか

若い世代への負担が重い

政府は異次元の少子化対策について政策対応を行っているが、最近話題になるのが、住宅価格と教育費が少子化の原因になっているのではないかというものである。実際、多くの識者は、日中韓の少子化の理由として、住宅費や教育費を含む経済的な負担の高さを指摘している。住宅ローンや教育関係の費用を手当てすることは子育て世帯の生活を支えるだけでなく、少子化対策につながる可能性もある。

前述の通り金利が上がっていけば、当然ながら住宅ローンの支払いは厳しくなる。特に最近は税制上のメリットを狙って変動金利で借りている人が増えている。つまり現在の住宅ローン減税は0・7%が税額控除されるため、現在のように低い短期金利においては住宅ローン金利で利益が発生する。つまり資金運用ができている状態になっている。しかしながら、変動金利は当然な

がら金利が上がればそれにつれて上がっていく。そして変動金利が上昇しているときには固定金利も上昇している可能性が高い。そうなると金利の支払いが家計を苦しめることとなる。そして住宅ローンを多く抱えているのは基本的に若い世代であり、また一人暮らしではなく子育て世帯が多くなる。そのため、住宅ローンの支払い増加は、経済的な困窮度を高めて、出産をあきらめる家庭の増加につながる恐れがある。

さて、こうしたことを考慮すると、金利上昇期においては、子育て世帯に対して何らかの対応を取ることが求められよう。また住宅だけでなく教育費も対応が必要なものである。これから日本の経済の生産性を高めるためには、理系人材育成などが重要となる。その観点からは、高等教育等に対して支援を拡大していくことを考えるべきであろう。一方で、大学に対して資金的な援助を与えるということは、大学に対する教育研究の成果を国がきちんと求めていく必要があるということである。確かに欧米では大学の奨学金等が充実しているが、各国政府は、大学教育の充実度や研究の高度専門性について、かなり注意して監視している。ただ単に教育費を公費で支援するのではなく、大学の名前に値する教育機関を増やしていく努力もしていくべきである。

ちなみに、大学がより良いものになっていくには当然ながら資金力が必要であり、その観点からは、金利がある世界においては、大学の運用力を問われる。国立大学においても資金運用を考えることが増えてきている。金利が低いなかではリターンを求めるために仕組み債といった高リスクで複雑なものに投資する大学も見られた。今後は金利と株価をきちんと見て、伝統的な資産をうまく組み合わせてリターンを狙っていくことが重要となる。大学の資産運用力が高ければ、奨学金制度などの充実にもつながることが期待される。家計の教育費を抑えていく観点からも、大学の資産運用の能力向上が求められる。

資産課税はなぜ危ういのか

また、格差に対する人々の反発が強くなった場合、資産課税が真剣に議論される可能性がある。確かに高齢者に資産が偏る状況では、資産に課税して、それを勤労世帯に回すことは一定の意味があると考えられる。前述の通り、財政学者等には賛同者も多い。しかしながら、資産課税には、様々な問題があり、適切なコントロールが必要である。

まず一つは資金逃避が生まれるということである。なぜ資産に対する税率が低く、労働に対する賃金の課税が高いかというのは、金融資産は課税をすると、税率が低い国へキャピタルフライトが生まれる可能性があるからである。一方で、労働所得に対して税率を上げたとしても、海外で仕事を探す人はそれほどいない。そのため資産課税の税率を低くするというのは、税収を安定的に確保するということでは意味がある。つまり、労働所得に配慮して、資産課税を強化することは税収が減るという逆説的なことが起きる可能性があるのだ。

もう一つは資産課税が様々な資産の値段を下げてしまう可能性があるということである。資産課税を嫌がって、キャピタルフライトなどが起きれば、資産価格は値下がりする。そして場合によっては、バブル崩壊的な影響をもたらし、逆にデフレ経済となるリスクもある。

税金が資産価格に対して悪影響を与えた例としては、1992年に導入された地価税が一つのモデルケースとなる。地価税は、一定以上の土地を持つ個人や法人を対象に課税したものであり、土地を持ちにくくするための税金であった。日経平均が3万8915円の最高値をつけたのが1989年末である。そして株価は90年に入り、下落傾向が続いた。そうしたなか、3大都市圏の商業時の公示価格は91年をピークに92年から下げ始めた。つまり地価税の議論というのは、バブルがすでに株式市場から崩壊し始めていた段階から議論され、不動産市場も価格下落に転じた時に実施されたものであった。

人々もそれほどバブル崩壊が深刻化・長期化するとは思っていなかった。逆にこれまでの不動産価格が高すぎるという認識が一般的であり、下げることが正しいといった空気であった。当時の主税局長の尾崎護氏は、新聞の取材に対して「新税は嫌われて、当然なのに、反対が少なく、国民的支持があったから」と振り返っている。つまり金持ちにとって不利で一般庶民のフラストレーションを解消させるような税制は、マクロの視点ではなく、ただ感情論だけで通ってしまう可能性があるということを示唆している。

筆者は1993年に大学に入り、その時のゼミで地価税の研究をしたが、ゼミの雰囲気としても、不動産価格を下げることは当然であり、そのための有力な政策といった空気であった。

もちろん、不動産バブルの崩壊は、これまでの蓄積したバブルの反動という面は当然ながらある。それ以外にも総量規制の導入といった様々な政策の組み合わせによるものであり、地価税がどれほど悪影響したかは冷静に見ていく必要がある。しかしながら、地価を下げる要因の1つになったことは事実であり、象徴的な存在としてみる人が多い。また、1998年に地価税は停止されたものの、その後も地価の低迷が続いた。こうしたことを踏まえながら適切な課税体制を作っていく必要がある。

9 金融教育の必要性

金利がある世界となるなか、金融リテラシーは国民にとって必須となりつつある。先ほど、金融機関が企業や家計に対してアドバイスを行う必要性を提示したが、そのアドバイスが有効に機能するかについては、当然ながら、日本全体のリテラシー向上が重要となる。

こうしたなか、わが国政府も金融教育の必要性を痛感している。例えば、「資産所得倍増プラン」（２０２２年11月公表）に金融経済教育推進機構（機構）の設立のほか、金融教育も含めた資産形成に関する戦略の策定を明記した。また、２０２４年３月には、「基本的な方針」を閣議決定し、金融教育を受けたと認識する人の割合を米国並み（20％）にするなどの方針が示された。

一方、海外主要国では、２０２０年の英国、２０２１年のフィンランド、カナダ、２０２２年のオーストラリアなど、金融教育に関わる戦略等を相次いで公表している。当社の野村拓也主任研究員によれば、各国は同戦略をベースに、金融教育に関する取り組みを進めており、結果として、わが国よりも国民の金融リテラシーが高い水準で維持しているとしている。

まず、英国では、金融教育の質を担保する方法の一つとして、「Financial Education Quality Mark」という認証マークが活用されている。また、モバイルウォレットやＱＲコード決済、さらには暗号資産など、多様なキャッシュレス決済手段が普及するなか、こうした新たな決済手段に関する情報を、とりわけデジタルネイティブな若年層への金融教育に組み込んでいる。さらに、限定的な範囲であるが、金融教育プログラムへの補助金の提供もされている。

また、フィンランドでは、金融教育に関する戦略のなかで、国民は金融面の「知識はあるものの行動が伴っていない」という課題があると指摘したうえで、金融リテラシーの向上が、「この国の経済主体に幸福をもたらし、不平等や排除を軽減する」ことに不可欠としている。また、個人が日常的に関わる金融トピック（支出、家計プランニング、購買、借入、貯蓄・投資、保険など）について、目指すべき行動や姿勢を「ゴール」とし、そのゴールに向けて教育体制を整備するゴールオリエンテッドな教育体系の整備、ライフステージに応じた金融教育機会の提供などを進めている。

また興味深いのが、ゲーム要素を取り込んだツール活用である。金融リテラシーを向上させる手段の一つとして、「ゲーム」の活用が挙げられている。これは、金融に関する知識や情報を習得したり、金融イベントや金融行動を疑似的に体験したりするために、ゲームの要素を取り込んだ金融教育ツールを提供するというものである。同国では、このようなツールがすでに多数存在しており、フィンランド中銀もその一部をリストアップしている。金融教育の研究、提供を担う研究機関や非営利団体を支援するための補助金も導入されている。

カナダでは、カナダ金融消費者庁（FCAC：Financial Consumer Agency of Canada）を中心に、消費者の金融レジリエンス（家計の健全性）確保の観点から政策が進められている。具体的には、消費者への金融商品（プロダクト）に関する適切な情報提供、自発的な行動を促す「行動デザイン」をベースとした取り組みが進められている。「行動デザイン」とは、規制等を通じて行動を強制するのではなく、消費者自身が自発的に金融行動に関わる意思決定を行うようにするため、周辺環境を整備する（インセンティブを付ける）という考え方である。具体的に、確定申告によって得られた税金の還付を貯蓄に振り向けるように促す仕組み「Refund to Savings」や、クイズ等を通じて、老後に備えた貯蓄のあり方、債務返済の効率化といった資金計画を策定するように促すモバイルアプリ「Budgeting」の開発、といった事例が挙げられる。

オーストラリアでは、金融に関する意思決定を行うために不可欠な知識やスキルといった「金融ケイパビリティ」を強化することが重要としたうえで、金融教育に関わる各主体が連携するネットワークの形成、金融教育におけるターゲット層設定・優先順位明確化、企業型確定拠出年金（Superannuation）に関連したイニシアチブへの取り組みなどが進められている。

これらの海外事例を踏まえ、わが国としては、金融経済教育推進機構（J－FLEC）誕生を契機に、海外の好事例を全国に展開していくことが重要であろう。また、金融は専門的であり、一見すると難しいと言われることもある。ゲームなどを使ってわかりやすく説明していくことが重要である。

10 ２０２４年の骨太方針の評価 〜財政再建に向けた第一歩

財政への対応について、まずここでは予算編成方針をみる。経済財政の運営と改革の基本方針、いわゆる「骨太方針」[2]から考える。２０２４年の骨太の方針における経済環境への認識については、短期的には楽観的な見方を示しつつ、中長期的には大幅な改革が必要としている。結論から言えば、総じて妥当な認識と考えている。

まず、短期的な景気環境についてみる。骨太では足元について、「現在、デフレから完全に脱却し、成長型の経済を実現させる千載一遇の歴史的チャンスを迎えている」と経済運営に対して非常に前向きな評価が示されている。また、物価上昇が賃金上昇を上回るなかで、消費は力強さを欠いていることは率直に認め、海外経済の下振れによるリスク等も残っているとしつつも、「今後は、景気の緩やかな回復が続くなかで、賃金上昇が物価上昇を上回っていくことが期待される」と全体的に前向きな見方を示している。当社の景気見通しも、円安がこれ以上進行しないという前提であるが、物価上昇率は鈍化していくなか、賃上げ効果も顕在化するとみており、筆者としても基本的にはそのような認識に沿っている。

一方で中期的には考えていくべき課題が山積しており、しっかりとした対応が必要だとしていることは筆者も同様である。まず、考えるべき課題は「金利のある世界」への対応である。骨太では、「日本銀行は、本年3月19日、それまでのマイナス金利政策やイールドカーブ・コントロール等を変更し、金融政策は、新しい段階に入った」と、これまでの低金利を前提とした経済財政運営から転換する必要性も示されている。GDPの倍以上の長期債務残高（国+地方）を抱えるわが国では、公債費の増加が避けられない状況であり、財政再建は待ったなしである。こうしたなか、金利を考えた政策運営にシフトすることは合理的な判断といえよう。また、次に考慮すべきは少子高齢化社会への対応である。

骨太においても、高齢化率の継続的上昇による医療費・介護費の増加と生産年齢人口の減少が見込まれるなか、経済・財政・社会保障を一体として相互に連携させながら改革を進め、経済社会の持続可能性を確保していく必要性が示されている。そのうえで「人口減少が深刻化する2030年代以降も、実質1％を上回る経済成長を実現するとともに、これまでと同様に医療・介護給付費対GDP比の上昇基調に対する改革に取り組み、一定幅でのPBの黒字基調を維持していくことができれば、長期的な経済・財政・社会保障の持続可能性が確保される。こうした長期のあるべき姿からバックキャストして、今後の中期的な経済財政運営を進めていく」「2050

年にかけて、都市部では高齢人口が増加する一方、地方部では人口減少が深刻化するなど、人口動態の変化の現れ方は自治体や地域ごとに異なる」と長期的な視点が力説されているのも今回の骨太方針の特徴となっている。本来、骨太方針は予算編成方針であり、基本的には今後数年間がタイムスパンとなっていることを考えると、今回の骨太で示された長期的目線は、目先の出来事に左右されない姿勢を示したものであり素直に歓迎したい。

前述の通り金利のある世界となるなかでは、財政再建に向けて、計画的な財政健全化のほか、効果検証に基づく政策対応が重要となる。また、少子化に歯止めをかけつつ、社会保障費の削減に向けた対応も不可欠である。24年の骨太においては、それが一定程度認識されているようであり、具体的には①「経済・財政新生計画」を定めて経済・財政一体改革を推進、②証拠がある政策立案（Evidence Based Policy Making、以下、ＥＢＰＭ）の推進、③全世代型社会保障制度の構築等が記載されている。以下ではそれぞれの項目についてどのように考えるべきかを述べたい。

①経済・財政新生計画の策定

骨太では、「人口減少が本格化する２０３０年度までが、こうした経済構造への変革を起こすラストチャンスである」としている。そして、わが国において持続可能な経済社会の実現を軌道に乗せるべく、人口減少が本格化する２０３０年度までを対象期間とする、「新たなステージ」への移行を支える「経済・財政新生計画」を定め、経済・財政一体改革を推進することを示している。特に、計画期間の当初3年間（２０２５～２０２７年度）に集中的に改革を講ずるとの文言が明記されている。また、ＰＢ黒字化と「債務残高対ＧＤＰ比の安定的な引き下げを目指す」との現在の財政健全化目標は維持されることとなった。

さらに、社会保障費等の抑制を目指した「歳出の目安」についても「これまでの歳出改革努力を継続する」との表現で続ける姿勢を示している。しかしながら、具体的な内容については「経済・物価動向等に配慮しながら、各年度の予算編成過程において検討する」とかなり弱い表現となっている。

内閣府では経済や財政について、中長期試算・長期試算を公表しているが、これまではこれらの予測が楽観的にすぎるのではないかとの批判があった。今回の骨太では、それらについて政策立案に資する必要な対応を行うとしており、何らかの改良が行われることを示唆している。

さて、これらの対応については6年間の計画を策定したこと、また、当初3年間に重点的に改革する姿勢を示したことは評価したい。わが国の国債の平均残存年数が約十年となるなか、金利が上昇してもすぐに利払い費が拡大しにくいこの3年間に対応を急ぐことは余裕がある間に先んじて手を打つわけであり、良いことといえる。一方で具体策はまだ明示されておらず、実効性が不透明である。また、ＰＢ黒字化と債務残高対ＧＤＰ比の安定的な引き下げが維持されたことは前向きに評価できる一方、仮にもう一歩踏み込んだ目標、例えば、経済への影響の最小化も考慮した、長期的な期間と数値目標を具体的に掲げることも検討すべきであろう。

次に「歳出の目安」については、当初撤廃を主張する声もあったことを考えれば、継続となったことは評価できる。一方で、具体的な内容が今後の検討課題になっており、骨抜きにならないかきちんと監視する必要がある。また、中長期試算・中期試算についても改良が加えられることも方向性としては正しい。もっとも、独立性が担保されないなかでは、政府の圧力に抗することは困難である。財政規律を評価・監視する機能の強化は別途必要である。

②ＥＢＰＭの推進

今回の骨太の隠れた主役はＥＢＰＭといえよう。本文の中で16回も連呼されている。さらに経済・財政新生計画、税制改正、少子化対策といった重要項目においてＥＢＰＭという言葉が入ったことは評価できよう。２０２５年度予算編成に向けた考え方にも「ＥＢＰＭやＰＤＣＡの取組を推進し、効果的・効率的な支出（ワイズスペンディング）を徹底する」としている。もっとも、方向性としては正しいものの、具体策については踏み込めていない。これは今後の財政の方向性を決めるものであるので、「13　わが国ＥＢＰＭの高度化に向けて」で詳細に検討したい。

③全世代型社会保障の構築

今回の骨太では、「能力に応じ全世代が支え合う『全世代型社会保障』構築を目指し」という文言が入った。わが国では国民負担率が約50％まで上昇するなか、現役世代の負担が大きくなっている。こうしたなか、所得や資産に応じて負担を考えていくことは方向としては正しいと思われる。一方でこうした制度では、所得だけではなく資産の保有状況まで考えた対応が求められ、踏み込んだ対応が求められる。

具体的には、税・社会保険料負担と給付額、所得情報の情報連携推進の加速が不可欠である。そして各省庁に省庁横断的な見直しを行うべきである。また、低所得者層に対しては、公正かつ働くインセンティブが高まる仕組みの一つとして、所得に応じて給付と課税が滑らかに切り替わることで所得が増えれば手取り収入も増える仕組み（給付付き税額控除）の導入を検討すべきであろう。

11 財政再建目標と補正予算是正が必要不可欠

ＰＢ黒字化と「同時に債務残高対ＧＤＰ比の安定的な引き下げを目指す」との現在の財政健全

化目標については、2024年度の骨太方針でも明記されたが、今後も継続する必要がある。ただし、この目標は数値目標ではなく、方向感を示したものにとどまっている。

仮に、もう一歩踏み込んだ目標を設定するならば、例えば、国と地方の長期債務残高GDP比を今世紀初めの水準（約130％）に25～30年かけて戻すなど、経済への影響の最小化も考慮した、長期的な期間と数値目標を具体的に掲げたうえで、3年や5年ごとに中期的な長期債務残高GDP比の達成目標（KPI）を示すことが考えられる。財政健全化を長期計画として取り組むことで、金融市場に過度の負荷・悪影響を与えないようにすると同時に、マイルストーンとしてのKPIを提示し、達成していくことで、市場の信認を継続的に得ていくことが重要である。

なお、国と地方の長期債務残高GDP比を現在の水準（2024年度予算214％）から今世紀初めの水準まで30年かけて引き下げる場合に要するPB黒字幅は、GDP比2・8％（「金利＝名目成長率」の場合）と試算される。これは単純な前提を置いた一例であるが、実際の政策立案においては、経済状況や国債の期間構造で目標値は大きく変化すると考えられる。また、財政再建によって発生する痛みの許容度についても多くの見方が存在する。様々なシナリオを作ったうえで試算を行い、国民的な議論をしたうえで、適切な期間と数値目標を設定する必要がある。

財政健全化を進めるうえで不可欠な課題である補正予算と予備費の常態化・大型化から脱却するため、以下のような限定的な歳出と債務削減に寄与するルールを設定すべきである。

① 追加する経費は、義務的な経費と真に予見できなかった事態（突然の経済危機や大規模災害）に対処するための経費だけに抑制する。追加財源を確保する際には、既存の経費の見直し等を徹底することで、補正予算に伴う国債の新規発行を最小限に抑える。

② 景気拡大期には、当初見込みに比べて税収が上振れる傾向にあるが、補正予算での追加は、地方交付税交付金など義務的な経費にとどめる。税収の上振れ分の残りは、「15カ月予算」などとして目先の裁量的経費に使ってしまわず、政府債務の償還に充てる。

③ 予備費は、通常の予備費5000億円のみとし、特定目的の予備費は計上しない。

補正予算を抑制的に使うには、これまで補正予算で積み増してきた裁量的経費についても当初予算で確保することが不可欠となる。その際、経済成長や物価上昇等を受けて税収が大きく増加したとしても、それをそのまま政策経費の増加に充てるのではなく、ＰＢの改善につなげ、公債金（新たな借金）を削減することが重要である。

歳出規模を抑制しつつ、必要最小限の財源を確保するには、既存の財源配分の大胆な見直しが必要となる。財源配分の見直しでは、政策効果を測定し、政策の有効性の高いものから優先的に配分されるようにすべきである。

また、長期債務残高ＧＤＰ比を安定して引き下げるには、名目経済成長率が金利を上回ることが重要であり、わが国の成長を促す分野への優先的かつ重点的な資金投入が不可欠である。将来の人口減少社会においても、わが国経済の成長力を維持・強化できるよう、科学技術や産業振興、教育といった〝投資〟分野にとどまらず、インフラや防衛力といった〝社会資本整備〟分野においても、経済社会の変革とイノベーションの創出を念頭に置いた対応が重要となろう。

12 独立財政機関の必要性

「財政健全化目標」と「歳出の目安」といった財政ルールは、財政健全化にとって不可欠ではあるものの、それだけで財政健全化につながるとは限らない。例えば、政府が、楽観的な経済予測に基づいて将来の長期債務残高ＧＤＰ比の見通しを示し、甘い財政ルールでも財政健全化目標が達成される姿を描く場合、実際の経済成長が政府予測を下振れすることで、財政健全化は実現しない。

これは、これまでにも見られた事態である。こうした事態を避けるには、マクロ経済・財政の予測や長期展望を客観的に描き、財政計画や財政ルールの内容や遵守状況を監視し、客観的あるいは批判的に評価する機能が必要となる。その一つの方法が前述した独立財政機関である。さて、独立財政機関が重要なのは、財政赤字縮減が政治的になかなか難しいためだ。そもそも、財政赤字が政治的に発生するメカニズムとしては、政治経済学では、①政治的景気循環（Political Business Cycle）、②政治家の戦略的動機、③共有資源問題などが存在する。①は選挙前に景気を良くしようとして、選挙日程をにらみながら景気対策や減税を実施することである。また、②は現職政治家が落選リスクにさらされているとき、現職政治家は、選好の異なる後任の政治家の財政上の自由度を限定するために公債や財政赤字を戦略的に利用するかもしれないというものである。そして、このうち、財政赤字が発生する原因として最も有力な説は、③「共有資源問題」である。

一般的に「共有資源問題」とは、共有の資源は私有の資源と比較して過剰に利用されやすい現象をいう。その最悪のケースとして発生する「共有地の悲劇」は、多数者が利用する共有資源の乱獲によって資源そのものの枯渇を招いてしまう現象として指摘されている。財政の場合、その移転政策は基本的にゼロサム的性質を持ち、財政支出の拡大は最終的に誰か（将来世代も含む）の負担になる。

だが、個々の主体の給付と負担は必ずしも明確にリンクしているわけでなく、負担についての感覚は希薄になりやすい。このため、財政支出を拡大させる政治的要求が高まり、財政赤字が拡大する現象が頻繁に発生する。これが、財政版「共有地の悲劇」[3]といわれるものである。

いずれにせよ、選挙で選ばれる政治家にとっては、財政赤字を拡大させる強い誘因がある。仮に、選挙の影響を受けない、財務省をはじめとする財政当局が本当に強い権限を持っていたら、現在のような状況まで財政は悪化しなかった可能性を指摘する研究もある。このため、このような政治的圧力を制御する目的として、1990年代の欧米を中心に、「財政政策ルール」が設定されており、現在もこの流れは続いている。この試みは、カナダやオーストラリアの財政再建をはじめ、いくつかの国々で成功を収めてきた。実際、米国でクリントン時代に財政再建が進んだのは、税収の減少や歳出の拡大に結び付く新たな政策を行う場合、増税もしくは他の歳出項目の減少により財源を確保しなければならないとするPAYGO（Pay as you go）原則が財政再建に大きく貢献したと言われている。

しかし、財政の運営は、経済変動の見通しとも密接に絡んでおり、単純な財政政策ルールで拘束することはなかなか難しいのが現状である。逆に、あまり弾力的かつ緩いルールを設定すると、財政赤字に対する政治的圧力を制御する目的を達成できないというジレンマも存在する。

こうした課題の解決策として注目が高まるのが、前述の通り、「独立財政機関」である。これら機関には一定の政治的独立性を付与し、①予算の前提となる経済見通し作成、②中長期の財政推計、③財政政策に関わる政策評価などを担わすことが想定される。

わが国においても、その設立を求める声が聞かれるようになっている。一方で政府は、「経済財政諮問会議で外部有識者参画のもとで議論している」としている。もっとも、経済財政諮問会議は内閣総理大臣を議長とする会議であり、政府から独立しているとは言い難い組織である。諮問会議を強化・改組するか、新たに組織を作るかなどして、政治の圧力に負けない仕組みを作っていく必要があろう。

13 わが国EBPMの高度化に向けて

財政再建のツールとして近年注目が高まるEBPMであるが、前述の通り、わが国のEBPMには解決しなければならない課題が数多くある。そこで、先に示したそれぞれの課題について、対応の方向性を検討すると以下の通りとなる。

①手法

EBPMを実施するに当たっては当然ながら、分野等に応じて適切な手法をとる必要がある。例えば、学問的厳密性が高いRCTについて、学術関係者では積極的な活用を目指すべきとする意見が多い。もっとも、米国のオバマ政権で積極活用されたとはいえ、社会保障分野にほぼ限定されていたほか、研究者のなかでも、「RCTは、社会分野において実行可能性も高く、インパクトも大きいが、基本的に『小規模』『データが多数』『サンプルが独立』であるものに適した分析であり、インフラやマクロ経済政策等には適さない」とする見解もある。また、効果測定については、統計的有意性の議論が多いが、統計的に優位であってもパラメーターが小さい（政策効果が小さい）ものもみられる。学術論文ではなく、政策立案のツールであることを考えると、統計的な有意性ではなく当然ながら、効果の大きさをきちんとみていくことが重要である。

一方で、ロジックモデルについては、黎明期の議論においては「ＥＢＰＭのスタート」であり、徐々にエビデンスベースに近づけていくことが想定されていた。ロジックモデルからエビデンスベースの方法への移行と、政策分野別に最適な手法の活用についてガイドラインを設けていく必要があり、実務に過度な負担を負わせない程度の科学的手法を活用すべきである。例えば、行革本部ではＥＢＰＭハンドブックを作り、各省庁での実務をサポートしているが、全体に共通するものが中心であり、個別政策の参考になるものは少ない。そのため、各政策分野版の作成も検討に値する。

また、当然ながら、ＲＣＴとロジックモデルの間の手法についても、コストなどを見ながら活用することが重要である。有識者などのコメントをみると、①わが国にデータが足りない場合は、欧米の先行研究等を活用することも有効、②費用便益分析、産業連関分析等はインフラ部門等で有効であり、過去の知見を活用すべき、③わが国では回帰非連続デザイン、差の差の分析、操作変数法などを使った分析も多く、それも活用すべきなどの意見がみられる。コストや手間、事業規模、分析の蓄積、エビデンスの質を総合的に判断しながら、各政策分野で効果の最大化と財政支出の最小化を図る必要がある。

②政府内の連携

前述の通り、政府内では様々なＥＢＰＭの取り組みが行われている。それぞれが特徴を発揮しているものの、連携は十分とは言えない。政府内において、優良な分析結果を紹介するほか、事務手続きの共通化、他の評価や検証制度との統合などを通じて現場の負担を減らしていくことも重要である。２０２３年度の政策評価では、一定の条件の下、行政事業レビューシートを評価書として代替できるようになったが、こうした方向性を強化することで、重要な政策課題にＥＢＰＭの資源を振り分けることも重要である。

さらに、政策評価、行政事業レビュー、各省庁が個別の事業・政策といったミクロ的な観点で検証するのであれば、経済財政諮問会議においては、経済成長や、財政全体への影響等、マクロ的な観点から検証することに特化するなど、多面的なＥＢＰＭを進めていく必要がある。

③パッケージとしての評価

わが国のＥＢＰＭは前述の通り、個別政策の検証を中心としているが、本来であれば、政策パッケージでの評価、それも各省の政策を超えて、マクロ経済や人々の意識変革まで踏まえた効果検証が必要である。個別政策の積み上げのほか、マクロデータや海外の状況を参考に全体の方向性を示すことなども進めるべきであろう。例えば、少子化政策を例にとると、世界的にみて出生率は所得増加とともに減少し、一人当たりＧＤＰが３万ドルを超えると１・５で収束する傾向がある。実際、ＯＥＣＤの平均値も１・５前後である。一方で、わが国は子育て関連の財政支出（家族関係社会支出）のＧＤＰ比が２・０％と、ほぼＯＥＣＤ平均並みであるにもかかわらず、出生率は１・２０とＯＥＣＤ平均よりも０・３程度低い。つまり、わが国では出生率を押し上げるのには財政資金が投じられていない可能性があり、まずは、現在の子育て関係の個別政策を検証して、効果が高いものを優先するといった対応が必要といえる。

なお、筆者は、マクロ経済、家族関係社会支出、男性の家事労働時間が出生率に与える影響について、ＯＥＣＤ諸国のデータで分析したが、子育てへの財政支援だけでなく、経済成長や男性の家事時間増がなければ、出生率の上昇は期待できない姿が示された。経済財政諮問会議の民間ペーパーにおいても、同様のマクロ分析を行っていたが、マクロデータを活用したＥＢＰＭは、前述の通り、個別政策の検証力があるＲＣＴと補完的な役割を果たすほか、マクロ経済や財政全体のシミュレーションにも活用可能であり、パッケージ評価にはこうした手法を検討すべきと考えられる。また、子育て関係の歳出・歳入については新たに特別会計（こども金庫）が設置されるが、その動きについて、出生率が上昇した場合の財政への影響についても別途検証が必要であり[4]、それを踏まえてパッケージ化していくべきである。

近年、少子化に加えて、わが国では防衛費やＧＸ等、テーマに応じてパッケージ化した予算が出される傾向がある。ミクロの積み上げに加えて、マクロ的な分析をすることで、パッケージがわが国のマクロ経済や財政にどのような影響を与えるのかも見ていく必要がある。この観点からもミクロ評価である政策評価や行政事業レビューと、マクロ評価の経済財政諮問会議の取り組みの連携が重要である。

④予算への展開

米国では、ホワイトハウス内の行政管理予算局（ＯＭＢ）が、毎年各省庁に通達する予算要求のガイドラインを通じて、ＥＢＰＭ関連の革新的な取り組みや能力強化を図っている。

一方で、わが国においては前述の行政事業レビューの改訂などでＥＢＰＭを活用する方針が示されたが、まだどの程度活用するのか明確化していない。こうしたなか、経済財政諮問会議傘下の経済財政一体改革推進委員会では、「政策立案においても、効果が出ているものはさらに予算

図表22　政府の基金残高

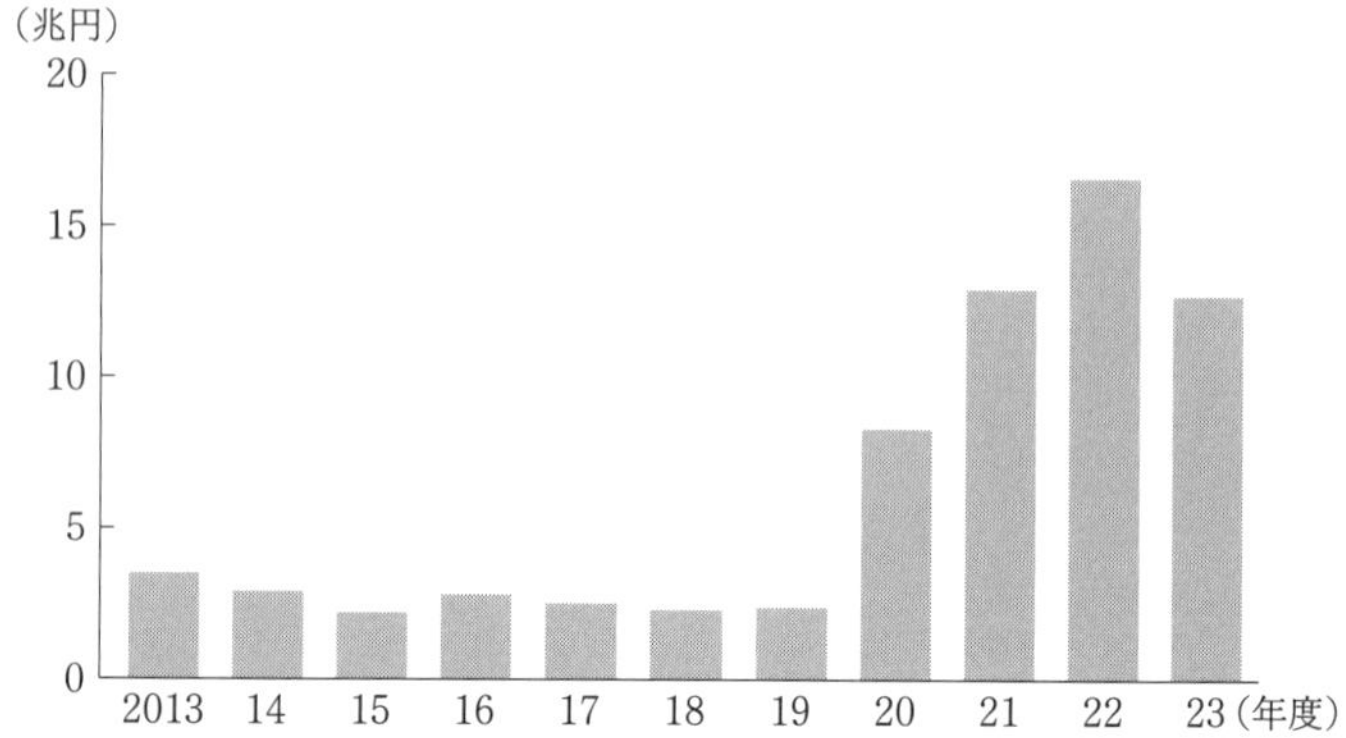

（資料）内閣府を基に日本総合研究所作成
（注）2015年度以前は農林水産省を含まず。2023年度は見込み。

も取れるようになるイメージがわくことが重要」「よりアカデミアでＥＢＰＭを振興すべく、将来的なことを考えて、予算配分等について早々に取り組んでいかなければいけない」との意見がみられており、予算策定に積極的に活用することを求める声が高まりつつある。また、予算におけるＥＢＰＭの活用方法については特別枠を使うということも検討に値しよう。[5]

また、米国では成果連動型民間委託方式（Pay For Success, PFS）[6]の活用とＥＢＰＭの発展が相乗効果を発揮している。日本においても、現在、政府はソーシャルインパクトボンド（ＳＩＢ）を含むＰＦＳの強化を進めており、それと連動していくことも重要な視点である。

さらに、単年度主義の弊害是正の観点から複数年度にわたって財政資金を投じることができる「基金」のあり方についても今後議論を深める必要がある。基金は累次の経済対策で残高が10兆円台半ばまで積みあがっており、わが国の財政にとって無視できない規模となっている。一方、監視が甘いという問題が指摘されている。こうしたなか、基金についてＥＢＰＭでＰＤＣＡを回すことは、基金の有効活用につながると考えられる。現時点では、経済財政一体改革推進委員会で残高10億円以上の基金についてＥＢＰＭの観点を踏まえたフォローアップを開始しているほか、今般の行政事業レビューの見直しでは、基金シートにもＥＢＰＭが導入されることとなった。こうした取り組みを一層強化することで、基金の「見える化」と「効果の最大化」を果たす必要がある。

⑤実務的な課題解決に向けた長期計画

前述の通り、わが国のＥＢＰＭの推進については、データ、人材、費用対効果について課題がある。第一に、データについては、当然ながら整備を急ぐ必要があり、個人情報の匿名化等にも配慮した行政データの速やかな提供体制を構築する必要がある。さらに、省庁間・官民間のデータ接続や、[7] 行政のデジタル化を進めることによる自動集計データを増やすなどの対応も検討が必要である。

例えば、米国ではUSAspending.govというシステムが導入されており、予算執行データのリア

図表23　米国の予算執行データのリアルタイム把握について（USAspending.gov）

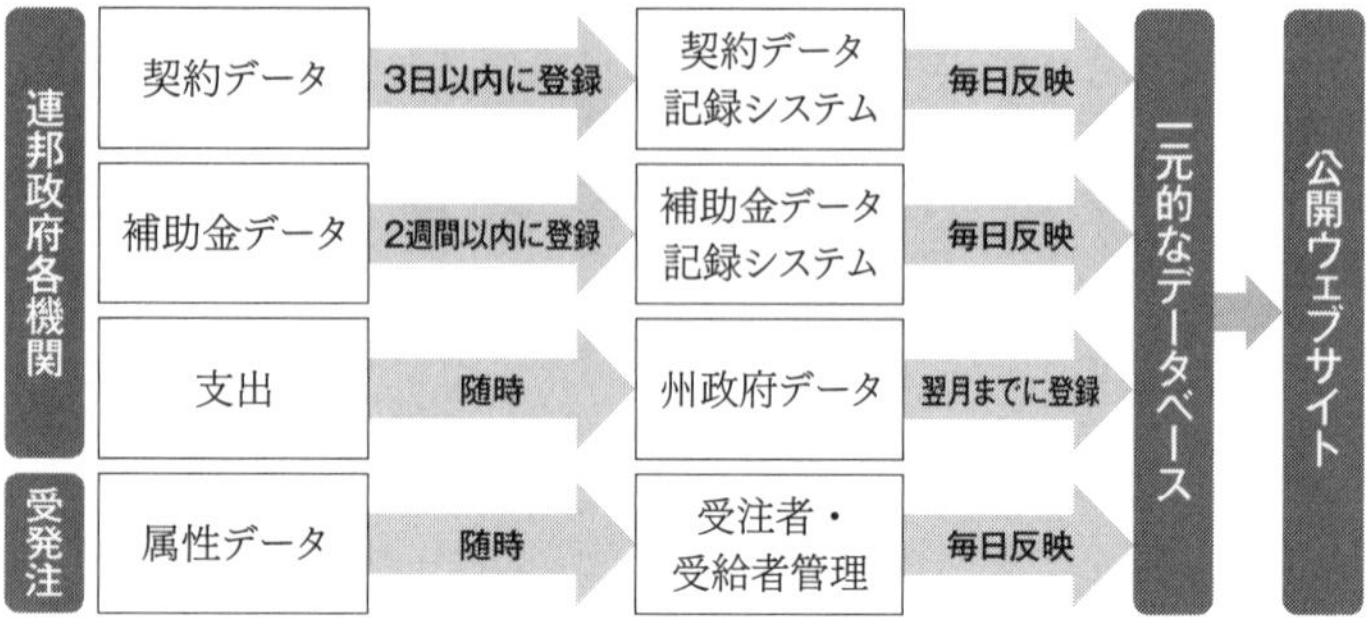

（資料）USAspending.gov、経済財政諮問会議、会計検査院等を基に日本総合研究所作成

ルタイム集約・見える化が進んでおり、ＥＢＰＭ推進に大きく貢献している（図表23）。また、公開の際の匿名化等も迅速に行われている。わが国でもこうした動きも参考にして、予算・執行・決算制度のデジタル連結を進めて、極力速やかに政策効果を検証できるようにすべきである。

第二に人材についても、現在では官庁や経済学者が対応しているが、そこにも限界がある。こうした状況を考えると、シンクタンク、企業のマーケティング担当者などをＥＢＰＭ人材として活用することも考えられる。実際、米国ではＥＢＰＭ人材は官庁や経済学者に限定されておらず、民間企業やＮＰＯの人材が活用されている。英国でもＥＢＰＭ強化の観点から、エコノミストの採用が増えており、彼らは政府横断的な組織で一括採用され、各省庁に配属・省庁間異動も行われている。[8]

わが国においても、筆者のヒアリングによれば、経済

図表24　米国EBPM基盤法の概要

第１編　国のエビデンス構築活動
全省庁における計画の作成（312条）
EBPMを行う評価官の設置（313条）
エビデンス構築のための体制整備（315条）

第２編　オープン政府データ

第３編　機密情報の保護と統計の効率性

等

（資料）Foundations for Evidence-Based Policymaking Act of 2018を基に日本総合研究所作成

財政諮問会議や経済財政一体改革推進委員会での分析において民間企業や地方自治体の出向者が協力するケースもあるほか、ＥＢＰＭに関して分析結果をまとめたホームページを開設している民間企業もある。また、大学においてもデータサイエンス学部の開設、行政評価機関やデータ分析会社の設立などの動きがあり、行政評価人材・データ分析人材が増えつつある。こうした動きを踏まえれば、前述の行革の伴走型・ＥＢＰＭ補佐官の人材プールにこうした人材を加える必要がある。[9]その際には分析だけでなく、統計整備の場面においても人材育成を強化していくべきである。

第三に費用対効果の検証も重要である。こうした政策評価においては、政策効果ばかりに目が向けられ、データ収集のコストについて目が配られないことが多い。費用対効果を検証することでデータ収集や分析の効率化と、政策効果の最大化を図るべきであり、そうした取り組みに予算が増えていく対応が重要である。

これらの課題は一朝一夕では解決できない。そこで中長期的な計画を立案し、着実に進めていく必要がある。この観点からは、米国と同じようにＥＢＰＭ法を制定することも考えられる。基本法の建付けで立法すれば、一般的には基本方針、基本計画が制定されることとなる。計画にある程度の推進力を持たせる観点からも立法化は検討されよう。

政策分野によっては、財政支出の抑制と国民厚生の維持の両立を示すエビデンスもみられ、そうした事例を参考に財政再建につながるＥＢＰＭに向けて歩みを進めるべきである。

この章のまとめ

▼金利耐久力が上がるなか、企業部門においては総じてみれば悪影響は小さいものの、前述の通り、財務構造によって二極化が発生している。事業承継と再編に向けた政策を進めることで、金利引き上げの負の影響を最小化していくべきである。同時に、企業の競争力を高める政策を実施すべきであり、資本コスト上昇に対応すべく生産性向上が重要である。同時に、人材の流動化などを急ぐ必要がある。また、人材に関して、移民に期待する声も聞かれるが、一時的な生産性向上を示す研究がある一方で、長期的には社会保障などの問題もある。生産性、社会保障、文化などを考えた移民戦略の立案が重要である。

▼家計金融資産が大幅な資産超過であるなか、トータルでは金利上昇はプラスであるが、資産の有無で格差が拡大する。そのため、格差対策を急ぐ必要がある。とりわけ、住宅ローン、奨学金を抱える若い世代に厳しい影響がある。彼らを支援することは少子化対策にもつながる。こうしたなか、税・社会保険料についても「資産」まで考えた議論が出てくる可能性があるが、資産価格への影響についても同時に議論すべきである。バブル期の地価税の反省を踏まえる必要もある。

▼世界最悪の財政状況となるなか、金利上昇の影響は大。インフレのボーナス期に財政再建を考えるべきである。税収を増やすためには成長戦略も必要である。ＥＢＰＭへの関心が高まることは良い傾向ながら、今後は予算策定にも生かすなど、実効性を高める改革が必要である。

1．監督指針は法律や政令ではないものの、金融庁が銀行や信用金庫を監督する際の着眼点や留意点を定めたものであり、金融機関の現場に大きな影響を及ぼすものである。

2．骨太方針は、税財政や経済政策の基本運営方針の通称。財務省（旧大蔵省）主導ではなく、首相主導の予算編成や政策決定を実現するため２００1年に小泉純一郎政権が初めて作成した。首相が議長を務める経済財政諮問会議の議論を踏まえて閣議決定し、年末の予算編成、税制改正、翌年以降の法改正の指針となる重要文書であり、政府・与党の力点を置く政策が網羅されている。

3．一方で、共有地の悲劇を回避する方法も最近の経済学で議論されている。２００9年にノーベル経済学賞を受賞したエリノア・オストロムは一定の条件のもとでは持続可能性が高いコモンズは可能とした。その条件とは①コモンズの境界が明らかであること②コモンズの利用と維持管理のルールが地域的条件と調和していること③集団の決定に構成員が参加できること④ルール遵守についての監視がなされていること⑤違反へのペナルティは段階を持ってなされること⑥紛争解決のメカニズムが備わっていること⑦コモンズを組織する主体に権利が承認されていること⑧コモンズの組織が入れ子状になっていることである。逆に言えば、これを満たさないところでは共有地の悲劇は起きやすいともいえる。

4. 今後、子育て予算が増えた場合、当面生まれた世代が就職して納税者となるまでは、政府部門は一方的に支出するため、財政は悪化する。そのため、少子化予算が将来的な財政再建に資するためには20年以上の時間を要する。

5. 自治体では横浜市のようにＥＢＰＭ予算枠を設置しているところもある。

6. ＰＦＳとは地方公共団体等が、民間事業者に委託等して実施させる事業のうち、その事業により解決を目指す「行政課題」に対応した「成果指標」が設定され、地方公共団体等が当該行政課題の解決のためにその事業を民間事業者に委託等した際に支払う額等が、当該成果指標の改善状況に連動する事業のことである。

7. 米国では商務省経済分析局（ＢＥＡ）と労働省労働統計局（ＢＬＳ）の間でデータ連携が図られるほか、農務省が民間の小売データと連携を行うような省庁間・官民間のデータ連携が進んでいる。

8. 英国の政府部門のエコノミストは１９９９年には５００名程度であったが、現時点では１５００名を超えている。局長級まで昇格も可能。

9. 英国においてはWhat Works Network（ＷＷＮ）という形で政府、ＮＰＯ、大学などがＥＢＰＭで連携するようになっている。これは前述の行革の政策設計ラボに近いものであるが、ＷＷＮは約1億ポンドの予算がついている。

終　章

金利は時間の価格
構造改革のスピードアップを

「金利のある世界」の歩き方

1
国力低下・円安時代のなかでの「金利のある世界」

２０２４年前半の経済の話題のひとつに「円安」がある。「平成」時代のドル円相場は、円安局面が生じたとしても、すぐに反転し、総じてみれば円高ドル安基調の展開であった。当社の牧田健理事によると、平成の時代は、相場を動かした原動力・主体は変わりつつも、概ね円安期間3年、円高期間5年という8年周期で相場変動を繰り返し、中長期的にみれば円高ドル安基調の展開が続いたとしている。

もっとも、「平成」から「令和」へと移行するなか、円を取り巻く環境に大きな変化が生じている。第一に、中長期的な円高ドル安基調に変化の兆しがみられている。かつてのドル円相場は、円高局面になると前回高値を超えて円高が進行する一方、円安局面では前回安値を超えられない、という展開が続いてきた。しかしながら平成後半に入ると状況は変化する。２０１１年夏以降の円安局面では、変動相場制入り後初めて２００７年につけた円安値をわずかながらも超えて円安が進行し、２０２２年以降は円安が加速した。確かに、今の円安が中長期的な円高ドル安基調を示すのかは今後の状況をみないと判断はできない。しかしながら、市場の雰囲気はこれまでと大きく変わっており、多くの市場参加者ではニクソンショック及びプラザ合意以降の円高局面は終了し、これからは長期的な円安局面かもしれないという意見が強くなっている。デジタル赤字や新NISAによる恒常的なドル買い、日本企業の多国籍化などがあるなかでは、金利差ではなく、国力や産業構造的な要因で円安が進んでいるという意見もよく聞かれるようになった。

かつて円は強い通貨と言われ、有事の円買いなどもあったが、もはや円は「強い通貨」でなくなっている。国際決済銀行（BIS）によれば、円の国際的な価値を指数で示す「実質実効為替レート」（2020年=100）が5月は68・65となり、過去最低を更新したと発表した。実質実効為替レートは為替だけでなく、物価などにも左右されるが、海外と比べ物価や賃金の伸びが鈍いことや、長引く円安のダブルパンチであった。さらに、ドルやユーロ、人民元との差も拡大しており、主要通貨としての地位が揺らいでいる。本来であれば、実質実効為替レートが安いことは、日本でモノを売るよりも、海外に持っていけば利益が出やすくなることを示しているため、価格競争力が高まったともいえる指標であるが、現在のところ、日本から輸出ドライブが起きたとは聞かれていない。安い円を活用して日本の競争力を高めていくことが重要である。

2 通貨安、金利高、物価高の三重苦を避ける改革を

さて、本書でも示したが、世界的にはインフレリスクも燻《くすぶ》り続けている。そして、わが国では人手不足となっており、こうしたなか、供給ショックによるインフレが発生する恐れが高まっている。また円高の時代も終焉しつつあるといわれるなか、通貨安による輸入インフレにも警戒が必要である。

円の防衛のために利上げすべきという議論があるが、本書でも指摘した通り、通貨防衛のために金融政策を活用することは反動が大きい政策である。それよりも、時間はかかるが、国際競争力を高めて過度な円安を発生させないようにする必要がある。通貨防衛のために金融政策を発動するのはファンダメンタルズが弱い国である。こうしたなか、わが国はインフレ・通貨安・高金利の三重苦を避ける必要があろう。

本書でも示したが、わが国は名目プラス金利ではあるが、実質金利はまだマイナスである。つまり、金利引き上げの効果が出てくるまでは少し時間的な余裕がある。また、政府部門においても、債券の期間構造から幾分は時間的余裕がある。この時間がある間に構造改革を急ぐ必要があ

図表25　必要な改革

部門	影響等
企業	●金利耐久力が上がるなか、総じてみれば悪影響は小 ●しかしながら、財務構造によって二極化が発生 ●事業承継と再編に向けた政策を進めることで、金利引き上げの負の影響を最小化すると同時に、企業の競争力を高める政策を実施すべき ●資本コスト上昇に対応すべく生産性向上が重要 ●政府においても、産業政策の大きな政府化を踏まえた対応が重要
家計	●大幅な資産超過であるなか、トータルでは金利上昇はプラス ●資産のあるなしで格差。格差対策を急ぐ必要あり ●住宅ローン、奨学金を抱える若い世代に厳しい影響。彼らを支援することは少子化対策にも ●税･社会保険料について「資産」まで考えた議論が出てくる可能性（資産価格への影響についても同時に議論〈バブル期の地価税の反省を踏まえる必要も〉）
財政	●世界最悪の財政状況となるなか、金利上昇の影響は大 ●インフレのボーナス期に財政再建を考えるべき ●税収を増やすためには成長戦略が必要

（資料）日本総合研究所作成

る。

企業部門では産業政策が重要だ。企業を保護するのではなく、事業再編や事業承継をうまく使って、技術や人材が失われないようにすると同時に、大規模化などで企業の生産性を高めることが重要だ。そして雇用の流動化なども進めて、筋肉質の企業部門とすべきだろう。また家計部門では格差対策を進める必要がある。特に注意すべきなのは高齢者世帯に余裕が生まれる一方で、子育て世帯が苦しくなる可能性があることだ。全世代型社会保障、社会保障の無駄のカットなどで現役世帯の負担を減らすと同時に、子育て世帯の住宅ローンや教育費を抑えていく政策も求められよう。そして政府部門では財政再建に向けて歩みを進めるべきだ。きちんと構造改革を進めれば、持続可能な経済体制構築は可能である。その際はきちんと計画を立てて、それを世界に示すことで、着実に実施していくことである。信頼を構築することで破滅的な事態は免れることができよう。

3　政策人材の育成の重要性

筆者は1年間内閣府で政策企画調査官として働くという経験を得た。私は基本的に調査業務の担当であり、官僚の政治家との折衝などはほとんど関与していないが、周りで見ているなかで、様々な思いを抱くようになった。

まずは霞ヶ関の官僚の真面目な働きぶりである。彼らは本当に早朝から深夜まで働く。給料もそれほど良いとは言えないが、国のために一生懸命働いている。一方で、こうした過酷な環境のなか、なかなか勉強する時間が取れないのも事実である。彼らの努力が政治に浪費されているというのは、正直感じた感想である。

その結果、最近は国家公務員試験の受験者も減っており、かつ退職する人も増えている。また、霞ヶ関が忙しくなるなか、政策立案に人材を多く充てる余裕もなくなってきている。これは国益に反する。非常に頭が痛い問題である。

一方で希望もある。それは官僚側が追い詰められたからでもあるが、民間から霞ヶ関に出向や転職する者が増えており、結果として官と民との間でリボルビングドアができつつあることである。私のように民間シンクタンクから役所に出向する人も増えてきている。これは非常に意味があることである。

民間シンクタンクは政策提案を行うが、民間は当然ながら政策立案の現場にはいない。しかしながら、役所に出向することで、政策立案の現場を見ることができるというメリットがある。また出向先で様々な資料を作るときに私の研究実績を活用できる場面も多かった。役所は政策現場には詳しいし、また様々な利害関係のことを知っているが、分析手法等については新しいことを必ずしも知っているわけではない。調査や企画と言う面では、民間の知恵を借りる方が良い場合も多い。

その意味で霞ヶ関出向生活によって、私は分析の知見を提供し、役所からは政策現場の生きた経験をもらうと言う形で、ｗｉｎ－ｗｉｎの関係にあったと思う。もちろん馴れ合いになってはならないし、民間エコノミストも国に対して言うべきことは言わなければならないが、一定の緊張関係を保つのであれば、こうした官民交流は意味がある。

また最近は霞ヶ関がコンサルティング会社の重要クライアントになっているという事態もある。確かに霞ヶ関は慢性的な人手不足であり、一部の業務を外部委託していくことは避けられないであろう。また民間の知識を使う意味では、外部コンサルを活用することは政策に新たな新規軸を加える意味があるとも言える。

しかしながら、私からみて問題点があるケースが出てきたと思う。

一つは霞ヶ関が、コンサルティング会社に対して、本来は官僚がすべきものまで丸投げされるケースもみられることである。確かに官公庁からの依頼は、少なくない金額が投入されるわけであり、コンサルタントも必死で働くので、一定のレベルの政策案は出てくる。しかしながら、それを続けていては霞ヶ関の政策立案力が下がってしまう。本来であれば、民間コンサルティング会社が担当するのは調査であったり、選択肢の提示と言うことになるのであろうが、そこから先の政策立案までコンサルティング会社に頼るのは行きすぎではないだろうか。

もう一つは政策パッケージとしての問題である。コンサルティング会社は基本的に細分化された専門分野の専門家の集まりである。つまり対象分野について深い知見を持つが、複数の分野について横ぐしを通した理解があるとは必ずしも言えないということである。

例えば、少子化政策といった話をする際に、保育の専門家、子どもの貧困の専門家、児童心理の専門家、といった形で、個々の政策別の対応であり、いわばミクロの合算といった形になる。一方で、少子化対策と言うのは様々な政策のパッケージである。しかしながら、専門家の意見を束ねたところで、必ずしもパッケージとして全体最適になるとは言えない。いわゆる経済学で言うところの「合成の誤謬《ごびゅう》」が起きるということである。

この合成の誤謬を避けるためにパッケージ全体のバランスで考えるというのは官僚の本来の役割であると思うが、官僚も激務のなか、なかなかそこまで踏み込めていない。そのため役所が提示する政策が個別政策をホッチキスで止めたような、まとまりのないものになってしまっている。また最近の政策立案はシンクタンクではなく、コンサルティング部門が行うことが増えている。そうなると全体を俯瞰すると言うよりは、細かい話を積み上げていくと言う形になり、なおさら包括的なものになりにくい。

実は同じことは英国でも起こったようである。コンサルタントの依存が非常に高まってしまい、莫大な金額が費やされていたということだ。ブレア労働党政権では官僚は専門性が十分ではないと考えられた結果、大量のコンサルタントが行政に動員された。しかしながら、リーマンショック後、政府が財政難となるなか、政権交代を機に契約の見直しが行われた。その結果、コンサルタントに対して多額の報酬を支払っていることなど、様々な問題があることがわかり、契約や調達プロジェクト執行やデジタル部門を中心に官僚の専門性を高める動きが広がった。

こうした英国の失敗と見直しの経験は大変参考になると言えよう。現在のままでは、支払われた報酬の割に十分なコンサルティングができなかったと言う事例が出てくる可能性がある。きちんと監視していくことが重要である。

この章のまとめ

▼わが国はこれまで円高の時代が長く続いた。そのため、構造改革等については本気にならなくて済んできた面もある。しかしながら、今や円が弱い通貨となるなか、これまでのような甘えは許されない状況になっている。今のままでは通貨安、金利高、物価高がスパイラル的に起きる可能性も否定できない。生産性を高めて国際競争力を強化していく必要がある。

▼金利のある世界では、財政再建と経済成長の両立がこれまで以上に重要となり、政府の経済政策の能力の向上が求められる。その観点からは霞ヶ関に期待するところも大きいのであるが、近年、霞ヶ関から多くの優秀な官僚が退職しており、かつてほどの力はないと言える。こうしたなか、官と民のリボルビングドアが重要である。

▼足元では、なし崩し的であるが、官と民の連携も増えている。これを積極的に活用し、民間の知恵を霞ヶ関に生かしていくことも大事である。また、霞ヶ関の官僚の疲弊を止めていくような働き方改革や人事制度も構築する必要がある。さらに霞ヶ関の官僚が民間のシンクタンク等で活躍することで、彼らの政策立案力を高めていくことを進めていくべきだろう。政策人材市場というマーケットを作っていく必要がある。

おわりに

2023年末頃からマイナス金利解除を巡る動きがかなり騒がしくなってきた。マクロエコノミストを業務としている私に対しても、これに関する問い合わせが非常に増えてきた。そして、こうした問いかけは日本だけでなく海外のエコノミストからもたらされることも増えており、私としても日本経済が再び世界の注目を浴びていることを実感していた。

マーケットからだけでなく、一般の方からの問い合わせも増えてきた。そのなかで金利のある世界について講演会を開いたり勉強会をすることも多くあった。その際、社会の中核を担う20～40歳代の社会人に金利に対する経験が少ないことにかなり衝撃を受けたことも事実であった。彼らは、社会人になってから金利はないか、場合によってはマイナスという時代しか見ていない。そうなれば、金利にイメージが浮かばないのも仕方ないことである。

さて、金利が上がるとどのようなことが起きるかと言うのは、一般的な経済学の教科書やデータ分析で示すことができる。もっとも、本書の執筆を通じて、その解決については「金利」だけでは語れないことが痛感された。

ある意味、金利はすべて経済活動に関わるものである。本書では金利のある世界の処方箋的なことを後半に書いたが、世界経済の情勢だけではなく、日本の社会保障や企業の法制度、家計の置かれた状況など、そのすべてにかかってくるのが「金利」であることを再認識した。そして、わが国は金利に対応するだけではなく、人手不足、少子高齢化、財政再建といった、これまで日本が抱えてきた問題を同時に解決しなければならないことに危機感を抱いたのも事実である。

その際に私が感じたのは、これまでなぜ構造改革が進まなかったのかということである。その最大の答えは、低すぎる金利だろう。まさに金利は時間の価格であり、低ければ時間の浪費のペナルティが小さくなる。そして、金利が低いからこそ高齢者と若い人の格差是正が放置されたし、本来は市場から撤退すべき企業がまだ残っている。そして金利が低いからこそ、これだけ財政が放漫になった。国内の巨大な家計貯蓄を頼みに、様々な課題に目を背けてきたのが現状である。

今後金利が上がってくればこのように先送りしてきた課題は手をつけざるを得ない。その意味で本当の構造改革はここから始まると言って良いだろう。まだ実質ベースでマイナス金利であるなか、すぐに金利上昇の影響が出てくるわけではない。しかしながら、確実にその影響は出てくる。その前にあるほんのわずかな時間的余裕を使って、何をすべきかをこの本でまとめたつもりである。この本を通じて日本経済が復活することを期待したい。

最後に、短い時間で本書をまとめていただいた日経ＢＰの細谷和彦氏にこの場を借りて謝意を示しておきたい。

〈著者紹介〉
石川　智久（いしかわ・ともひさ）
株式会社　日本総合研究所　調査部長／チーフエコノミスト

1997年東京大学経済学部卒業、同年住友銀行（現在の三井住友銀行）入行。日本経済研究センター出向、内閣府政策企画調査官（経済社会システム）などを経て、2023年8月より現職。専門はマクロ経済、地方経済など。著書に『大阪が日本を救う』（日経プレミアシリーズ）がある。

「金利のある世界」の歩き方

2024年10月16日　1版1刷

著　者　石川　智久

発行者　中川　ヒロミ
発　行　株式会社日経BP
日本経済新聞出版
発　売　株式会社日経BPマーケティング
〒105-8308 東京都港区虎ノ門4-3-12

装丁　野網雄太
印刷／製本　三松堂
本文DTP　マーリンクレイン
ISBN978-4-296-12096-3

Printed in Japan